墨香财经学术文库

"十二五"辽宁省重点图书出版规划项目

Corporate Social Responsibility
and Strategic Risk
Theory and Evidence

企业社会责任与战略风险

理论与实证

王站杰 陈法杰 ◎ 著

东北财经大学出版社
Dongbei University of Finance & Economics Press

大连

图书在版编目（CIP）数据

企业社会责任与战略风险：理论与实证 / 王站杰，陈法杰著．—大连：
东北财经大学出版社，2021.1
（墨香财经学术文库）
ISBN 978-7-5654-3730-4

Ⅰ．企… Ⅱ．①王… ②陈… Ⅲ．①企业责任-社会责任-研究 ②企
业战略-风险管理-研究 Ⅳ．F272

中国版本图书馆CIP数据核字〔2019〕第279417号

东北财经大学出版社出版发行

大连市黑石礁尖山街217号 邮政编码 116025
网 址：http://www.dufep.cn
读者信箱：dufep @ dufe.edu.cn
大连永盛印业有限公司印刷

幅面尺寸：170mm×240mm 字数：201千字 印张：15.25 插页：1
2021年1月第1版 2021年1月第1次印刷
责任编辑：蔡 丽 责任校对：蓝 海
封面设计：冀贵收 版式设计：钟福建
定价：56.00元

前　言

在可持续发展与企业社会责任（corporate social responsibility，CSR）的理念已成为国际社会的广泛共识和市场秩序道德性规范的背景下，企业履行社会责任的行为不仅是隐性的道德追求和实践转化，也是为了扩大市场份额、降低生产成本和降低风险的最优战略选择。研究企业社会责任与战略风险的关系，揭示CSR对战略风险的影响，不仅有利于促进企业开展有效的社会责任活动、降低企业战略风险的不良影响，也对促进企业社会责任实践、实现企业的可持续发展具有一定的现实意义。

但仍有一些企业盲目追求企业效益，漠视自身应履行的社会责任，导致企业声誉一落千丈，甚至遭受破产风险等惨重代价，如2009年三鹿集团的湮灭、2015年大众汽车"尾气排放造假"的全球性信任危机及2016年三星集团的"手机电池爆炸"危机等。这些事件使得学术界把企业社会责任与风险管理联系在一起，从不同的视角关注企业社会责任与企业风险的内在联系，但尚未见从战略性视角研究企业社会责任与战略风险之间的关系。然而，随着中国企业"国际化"战略的加快实施，国际社会的"社会责任壁垒"以及"战略风险"问题成为中国企业"走出去"战略中需要关注的重要问题。

为有效解决企业战略风险的防控问题，本书从利益相关者视角出发，将企业履行社会责任作为切入点，以"企业社会责任–伦理决策–战略风险"为研究主线，基于全国各地各行业 200 家企业的 800 位人员的调查数据，主要做了如下几部分的研究工作：

首先，对问卷数据使用探索性及验证性因子分析进行信度和效度的检验；

其次，进一步验证研究变量之间的相关关系；

最后，通过层级回归分析法，对所提出的 32 个假设进行逐层检验。

通过以上研究过程，本书探讨了以下几个方面的内容：

第一，基于利益相关者理论的企业社会责任构成及测量问题。本书依据 Mitehell 和 Wood（1997）所提出的包含合法性、紧急性与权力性的 PLU 模型对内外部利益相关者的内涵和范畴进行界定，识别利益相关者的不同类别，将企业社会责任分为外部利益相关者责任与内部利益相关者责任 2 个维度 7 个要素 41 个题项的测量体系。其中，内部利益相关者责任包括对股东、经营者与员工的责任；外部利益相关者责任包含对消费者、合作伙伴、政府及社区的责任。通过探索性及验证性因子分析，本书证实基于利益相关者理论的企业社会责任测度量表具有较高的信度和效度，能满足在我国企业现实情境下的研究需要。

第二，在不同的利益相关者责任类别下，企业社会责任对战略风险的影响效应是否存在不同。研究发现，企业履行内部利益相关者责任与外部利益相关者责任，都能够有效降低战略风险的程度。企业履行内部利益相关者责任能有效规避战略风险中的运营、资产、竞争及声誉风险，企业践行外部利益相关者责任也会有相同的结果产生。

第三，基于商业伦理理论及群体决策理论，揭示企业伦理决策的调节作用。伦理决策分为功利主义决策与利己主义决策两个维度。

在功利主义决策的调节下，企业履行内部利益相关者责任、外部利益相关者责任会进一步弱化战略风险，而在利己主义决策的调节下，企业履行内部利益相关者责任、外部利益相关者责任会进一步强化战略风险。

在企业社会责任对战略风险四维度（运营风险、资产风险、竞争风险和声誉风险）的影响中，功利主义决策大都能够与企业社会责任一起规避战略风险，而在利己主义决策的调节下，本书得出了企业社会责任强化战略风险的相反结论。

在企业社会责任与功利主义决策、利己主义决策的三项交互作用下，本书仍得出了企业履行内部利益相关者责任、外部利益相关者责任与伦理决策三项交互作用进一步降低企业战略风险的结论。

本书从理论和实证方面对企业社会责任与战略风险的关系做了大量研究工作，其意义主要体现在如下几个方面：

第一，拓展了企业社会责任的相关研究。鉴于现有企业社会责任和战略风险关系研究的匮乏，本书将企业社会责任纳入企业战略风险的研究框架，进而探究其对企业战略风险的影响。这样既揭示了企业社会责任的作用，又支撑了企业通过履行社会责任来有效规避战略风险的理论体系。

第二，完善了战略风险的相关研究。本书强调外部利益相关者与内部利益相关者对企业战略风险的共同影响，揭示了在中国情境下企业社会责任对企业战略风险的抑制作用。本书不仅明确了内部利益相关者责任、外部利益相关者责任对企业战略风险的直接影响，还阐述了企业伦理决策机制的调节效应，丰富了企业战略风险的研究成果，同时为企业战略风险的研究提供了新的探索视角和理论模型。

第三，丰富了企业伦理决策机制的相关研究。本书详细分析了企业伦理决策在企业社会责任与战略风险关系中的调节作用，改变了以往学者对企业伦理决策机制的研究视角，深入分析了企业决策者的功利主义认知和利己主义心理，反映了企业决策者面对外部压力和经营绩效时的心理行为以及对企业风险结果的不同影响。作为权力拥有者，企业决策者需要在缓解企业风险的同时，做出符合利益相关者期望的企业社会责任战略。本研究弥补了以往学者对企业伦理决策机制研究方面的不足。

第四，构造"企业社会责任-伦理决策-战略风险"三者关系的理论模型，为企业战略风险的研究提供了新的研究视角。内部利益相关者责任和外部利益相关者责任-功利主义决策-战略风险与内部利益相关者责任和外部利益相关者责任-利己主义决策-战略风险两条路径的建立，拓展了企业战略风险的研究思路，为深化企业战略风险和伦理决策机制的后续研究等提供了理论参考。

由于企业社会责任对战略风险影响的研究是一个新的知识系统，理论体系尚不完善，因此，本书在编写过程中加入了作者的一些思想和研究成果，是否合理还需要进一步的探讨和交流。与此同时，作者在编写本书的过程中也参阅了大量国内外书籍和论文等资料，在此谨向相关作者表示感谢，对于可能疏忽而未标注的情况表示歉意。

　　此书的编写与出版得到了贵州财经大学工商管理学院及东北财经大学出版社的大力支持，在此也一并表示感谢！

　　由于作者水平有限，书中难免会存有遗漏与不当之处，恳请读者批评指正。

作　者

2020 年 9 月

▌目　录

第 1 章   绪 论

1.1   研究背景

（1）可持续发展与企业社会责任的理念已成为国际社会的广泛共识和市场秩序的道德性规范

在构建绿色低碳发展的世界经济体系和人类命运共同体的背景下，全球南北贫富差距仍日益呈扩大趋势，工业污染物排放总量增加、生态环境恶化及社会责任缺失等一系列经济社会问题日渐凸显。很多国家和地区以及相关的非政府组织深切意识到，在实现经济发展目标的同时妥善处理与其利益相关者的利害关系，积极贯彻创新发展、绿色发展与共享发展等理念，以及构建人类命运共同体是十分重要和迫切的。如何在保障经济绿色发展的同时提升整个社会的质量、促进人与社会的可持续发展成为全人类的共同选择，也是世界各国的共同发展战略。

在 2000 年的联合国千年首脑会议上，189 个国家共同签署了《联合国千年宣言》，呼吁全世界的国家与企业行动起来，共同消灭极端贫穷和饥饿，维护人权，保障环境的可持续能力，促进全球经济社会的合作发展（陈雪莲，2003）。自此，很多国际性与行业性的组织开始每年向社会发布可持续发展报告、社会责任报告等。

2014 年全球报告倡议组织（GRI）在北京发布了《可持续发展报告指南》G4 中文版，旨在协助企业在公开透明、主动自愿的基础上，全面地展现其在经济发展、环境保护和社会治理三个层面所获得的成果，提高企业可持续发展报告的质量。该指南已成为国际社会公认的可持续发展衡量标准指南。

在我国经济结构调整与技术创新融合发展过程中，可持续发展与企业社会责任也越来越多地引起政府机构与诸多学者的热切关注。

1994 年，我国政府编制的《中国 21 世纪议程——中国 21 世纪人口、环境与发展白皮书》首次把可持续发展战略纳入我国经济和社会发展的长远规划。随后，我国又树立了坚持以人为本，树立全面、协调、可持续的发展观，促进经济社会和人的全面发展的科学发展观，构建"民主法治、公平正义、诚信友爱、充满活力、安定有序、人与自然和谐相处"的和谐社会理念。这些理念表明了整个国家范围内的可持续发展意识的觉醒以及经济与社会发展并重的战略调整。

我国政府及一些科研机构也开始编制一些政策文件以及调查报告来对企业履行社会责任、增进可持续发展进行规范与引导。2014 年 10 月《中共中央关于全面推进依法治国若干重大问题的决定》已明确提出要"加强企业社会责任立法"等；2015年11月举行的中央企业社会责任工作会议，就针对"十三五"期间中央企业的社会责任工作任务的总体规划目标和主要工作要求提出了相关建议。由原国家质量监督检验检疫总局、原国家标准化管理委员会起草的《社会责任指南》（GB/T 36000—2015）等系列国家标准已于2016年1月开始实施，这意味着我国企业社会责任从起步阶段走向实质性的深入阶段。

在科研机构方面，中国社会科学院经济学部企业社会责任研究中心自2009年开始每年发布《中国企业社会责任研究报告》，研究报告主要对我国企业综合排名前300名、国有（民营、外资）企业前百强企业的社会责任信息披露程度及社会责任管理水平等进行详细的整体评价，旨在揭示我国企业社会责任履行现状，找出现存问题及不足，为促进我国企业社会责任的整体发展提供建议支持。大连海事大学成立的企业社会责任与可持续发展研究所也于2012—2016年发布了5次我国交通运输行业企业社会责任发展方面的报告，对我国交通运输行业企业的社会责任履行现状进行了综合、详细的评估。

由此可见，可持续发展战略与企业社会责任战略已成为我国政府发展经济、保护环境和进行社会治理的重要途径之一。在国家、非政府组织及企业的多方努力下，现今我国企业社会责任的整体表现有了质的提升。作为市场经济的微观主体，企业对社会的稳定、和谐影响日显突出，企业承担相应的社会责任也对自身风险防范和可持续发展具有十分重要的意义。政府组织及企业管理者的社会意识也逐步觉醒，企业开始将社会责任管理纳入战略管理体系之中，推动社会责任与利益相关者需求的融合，使社会责任管理逐步具体化与专业化，为企业社会责任作用于战略风险的研究提供了现实的实践基础。同时，社会公众责任意识的提升，进一步影响了企业履行社会责任的水平，降低对企业未来风险的评估，为企业社会责任作用于战略风险的研究提供了现实的认识基础。

（2）企业社会责任是企业应对复杂多变的内外部经营环境、统筹兼顾各方利益相关者需求的战略要素

企业内外部经营环境复杂多变及风险互联的动态变异，导致企业的战略风险在不断增加。

在企业内部，人员流动频繁、运营流程关联度松散、技术创新能力低等因素造成企业生产运作不畅、员工离职率高、股东投资热情低等问题，甚至带来资金链断裂、破产清算的局面。

在企业外部，产业、行业环境变化存在诸多不确定因素，市场竞争加剧及媒体关注度的提升等都对企业应对这些挑战提出了更高的要求。特别是在"一带一路"倡议及"走出去"战略的大环境下，我国企业在国际化过程中频频遭遇东道国为保护本国的企业或遏制发展中国家产品出口而设置的"绿色社会责任壁垒""蓝色社会责任壁垒"，其使国际化战略与环境保护、劳工权益及消费者权利等社会责任紧密结合在一起（黄维娜，2013），通过企业社会责任这个"挡箭牌"来消除国家之间因廉价劳工、低环保标准而获得的价格优势，逼迫其提高产品成本，形成"贸易壁垒"。这已成为我国企业国际化进程中最难以逾越的障碍。因此，国际社会的"社会责任壁垒"以及"战略风险"问题，也成为我国企业"走出去"战略中需要关注的重要问题。

在内外部经营环境复杂多变的情境下，利益相关者是企业进行风险防范以及社会责任履行的对象及载体。

Freeman（1984）认为企业通过履行对各利益相关者的责任

是公司治理、风险防范的重要手段，因为企业与利益相关者之间的相互影响是无处不在的。企业的存在与发展和利益相关者是息息相关的。各类利益相关者或者投入了资本，或者承担了企业风险，或者促进了企业的进步与成长。而企业社会责任本质上通过参与一些社会事务来促进企业与社会的可持续发展，调和各利益相关者的现实需求，并与之建立起良好的关系，寻求股东利益，通过最大幅度地达成员工、消费者、合作伙伴及政府等其他利益相关者的利益来确立自身的社会地位。所以，企业不但需要关注其所处的整个社会环境，更要正视利益相关者对企业的"约束力"，通过参与一些社会事务来促进企业与社会的可持续发展，调和各利益相关者的现实需求，化解企业的风险。

Clarkson（1995）认为企业可以通过履行自愿与非自愿两类利益相关者的责任来弱化企业的各类风险。

陈宏辉（2003）研究得出，履行核心、蛰伏和边缘三类利益相关者的责任可以有效减少利益相关者之间的冲突，改善公司治理的有效运作。

从上述研究结果可以看出，学者们基于利益相关者理论，从不同层面研究了企业社会责任的构成及履行的意义。那么，企业在股东价值最大化理念下追逐利益的同时要兼顾各方利益相关者的需求，怎样应对社会生态失衡、环境恶化等生态环境责任？如何应对生产劳动条件恶劣、践踏劳动者权益的员工责任？怎样保障消费者的生命安全和身心健康，提供质优价廉的产品与服务？本书基于利益相关者理论，将从内外部利益相关者责任两个层面进行研究，分析企业利益相关者的责任构成，并进一步构建了符合我国社会主义市场经济转型背景下的企业社会责任评价指标体系。

（3）企业履行社会责任是企业战略风险管理实践和外部监管机构监管的需要

近年来，许多世界知名企业发生了破坏生态环境、产品质量低下及商业贿赂等丑闻，并由社会媒体曝光，引发了社会大众对企业信誉度的质疑，对其信用评级进行降级处理，同时对其产品采取一致抵制策略。由此可见，一些企业为了谋求私利，在产品生产、销售过程中缺乏社会责任感，置社会大众利益于不顾，导致了巨大的企业运营风险。例如，2016年涉及5.75亿元、覆盖24省80余市的"问题疫苗"非法流入市场事件让人们陷入极度恐慌之中，对涉案经营者为追逐经济利润而无视"问题疫苗"可能对人体健康产生的负面作用而痛心疾首，这直接波及A股49家生物疫苗企业的声誉，新三板公司实杰生物则被取消了GSP证书，后来被抛售。

丑闻事件产生的深层次原因是，某些企业为了追逐经济利益最大化，不惜损害广大利益相关者的健康与权利，无视企业社会责任的存在，行走在巨大的经营风险甚至导致企业毁灭的战略风险的边缘。目前许多企业仍以经济利益最大化为企业运营的首要目标，缺乏对企业可持续发展与风险规避的思考与规划，所以，明确企业社会责任与风险之间的关系，应是提升企业社会责任履行水平的一种行之有效的重要手段。近些年，关于企业社会责任与风险之间的关系研究逐渐受到学者与企业管理者的关注。由于理论依据、风险划分类别、风险测量方法及研究设计层面的不同，企业开展社会责任活动能否有效降低企业的风险仍处于理论探索层面。同时，随着利益相关者理论和企业社会责任战略管理理论的普及与发展，企业社会责任活动的开展与管理日渐具体化及专业化。社会责任治理作为企业一种关键的经营管理战略，与各项经营活动的联系与融合逐步加强，正在深层次地影响企业的经营活动与长期发展。因此，从战略视角出发，揭示企业社会责任与战略经营活动的思维关系逐渐受到诸多关注，已成为近些年来企业社会责任相关研究的一个新趋向。

由于我国企业的社会责任意识不强，执行强度较弱，需要国家监管部门出面，制定各种保障措施来促进企业社会责任活动的有效开展。

为了解决上市公司的可持续发展问题，证监会在 2002 年实施了诸多政策，其中《上市公司治理准则》就明确规定："上市公司在确保企业的可持续发展状态、保证股东利益有效实现的基础上，更应该重视社会责任问题，积极参与社会公益福利事业，维护社区安稳及繁荣，大力推进环境治理等。"

2010 年 4 月，财政部、审计署等五部门联合出台了《企业内部控制配套指引》，其中就包括了《企业内部控制应用指引第 4号——社会责任》。

2013 年，中小企业合作发展促进中心、中小企业全国理事会在北京发布《中国中小企业社会责任指南》。该指南以责任管理为中心，从中小企业的核心利益相关方视角出发，提出了员工责任、环境责任、市场责任和社区责任四类履行社会责任的细目要求；同时，提供了一个"中小企业社会责任基础自我评估表"，作为识别企业社会责任主要风险和挑战、确定近期社会责任的基础参考。

因此，在我国当前的经济、法律等制度背景及监管环境下积极回应利益相关者的要求，履行社会责任能否吸引和影响更多利益相关者的信任与关注，获取竞争优势，规避战略风险，是各类企业面临的一个现实难题。故本书将探讨视角聚焦在企业社会责任履行对战略风险的影响上，即企业承担社会责任将如何影响其战略风险。

（4）基于战略发展视角的企业社会责任有利于弘扬中国传

统文化的伦理道德，提高企业决策者的伦理决策水平

虽然社会责任的履行能有效规避战略风险，但如何履行社会责任、怎样采用社会责任措施有效规避企业风险等具体事项的落实仍需企业管理者的决策与实施。企业的社会责任行为、经营战略决策是经过内外部环境相互作用及企业管理者伦理感知过程所共同形成的。企业战略决策者在制定战略决策时，一般会面临大量有关战略规划、内外部风险方面的信息，这需要决策者对其所掌握的信息进行筛选分类、加工处理和理解消化。而在这种信息识别、处理的过程中，决策者的伦理道德水平起着至关重要的作用，因为正确有效的战略决策是建立在决策者充分的伦理认知之上的。一项战略制定得是否科学合理取决于决策者的伦理认知水平。伦理认知的相对正确性一方面受外部环境与多样化信息的影响，另一方面会受决策者的种种心理因素的影响，从而产生不同的认知偏差与决策差异。处在我国社会注重道德伦理的文化氛围中，企业战略决策者在制定企业发展战略、风险防控过程中必然会受到我国传统伦理道德思想的影响。

依据我国传统文化思想，企业的持续运营不能只追求财务绩效最大化，在利益相关者的利益诉求下，应同时追求社会绩效与财务绩效的双重目标。

多任务委托代理理论指出，在企业的持续经营过程中企业高管面临多项任务、多重目标，他们会把有限资源在不同的任务中进行分配决策，即便各任务之间激励期望相等。由于目标绩效测量的难易程度不等，理性的企业高管为了自利而努力实现比较容易测量的财务绩效目标（Roberts，2010），他们对财务管理和战略发展的成就负责，而减少从事有益于其他利益相关者的社会目标活动（Fabrizi et al.，2014）。

Zou 等（2015）研究了企业高管薪酬与多元目标经营的权衡问题，指出单纯基于财务绩效的薪酬体系而不考虑社会效

益，会降低高管参与环境管理的动机，产生诸如漠视企业环境绩效、只注重自身考核指标而最大化薪酬福利的非伦理行为。

结合上述分析，企业伦理决策机制将会影响企业社会责任的履行深度及战略风险的偏好程度，故本书选取了企业的伦理决策机制（利己主义决策与功利主义决策）作为切入点来探讨企业社会责任影响战略风险的路径机制问题。

鉴于上述理论与实践探讨，在组织运营环境复杂、社会环境问题日益突出的背景下，履行社会责任是企业的关键抉择。企业的发展战略贯穿于生产活动、经营管理方式、战略决策等方方面面，它具有目标多元化、道德文化冲突和动态风险性的繁杂任务特性，对企业战略决策者提出了更全面、更客观的要求。本书在我国传统伦理文化情境中全面分析与理解企业社会责任的重要性与必要性，并在此基础上通过决策思路和行为模式的改变充分应对战略风险。为此，本书基于我国市场经营环境，选取战略活动视角就企业社会责任的构成、量表开发以及与战略风险的关系、伦理决策机制是否在二者关系中具有调节效应等问题进行深入的探索，借以明确企业大力开展社会责任行动对战略风险的抑制性影响，并进一步阐释企业社会责任影响战略风险的作用机理，为企业社会责任对战略风险的影响作用提供更为直观的佐证；同时，希望企业能确切理解履行社会责任对企业获得竞争优势和可持续发展的重大作用，提升企业自愿践行社会责任的意识。

1.2　研究目的与意义

1.2.1　研究目的

本研究基于利益相关者理论、商业伦理理论、风险管理理论等相关理论，梳理与探究了我国情境下企业社会责任的内部结构，将伦理决策、战略风险纳入理论研究框架之中，深入剖析了企业社会责任在防范战略风险方面的作用和效果，并开拓性地探索了作为调节变量的企业伦理决策机制对企业社会责任作用于战略风险的边界，揭示出"企业社会责任履行-伦理决策调节-战略风险预防"之间的逻辑关系，期望能够有效弥补先前研究中存在的不足，并且对现有理论，尤其是对管理者伦理认知、风险预防及管理、利益相关者理论具有一定程度上的扩充与完善作用。本研究的结论也有利于识别风险的前因、履行企业社会责任以及在动态变化的环境中取得竞争优势，最终为企业持续、长期发展提供有借鉴意义的理论解释，也可以为相关战略风险预防措施的制定提供理论依据。

本研究的主要目的可以具体分解为：

（1）对企业社会责任进行维度划分及量表开发

划分企业社会责任的维度是对其进行测量的首要任务，若维度划分不合理、精准，将会影响其量化研究结果的科学性与真实性。专家和学者由于所学专业、社会阅历等不同，基于不同的理解视角对企业社会责任的划分形成了不同的思路，进而得出相互区别的划分标准。而社会责任的主要内涵也是随时间在不断变化的，具有鲜明的时代特征。在目前的研究中，社会责任的概念又有了新的扩充，导致前期所使用的方法失效。为了进一步全面理解现代企业的社会责任内涵，更精准地对其进行测量，设计、开发出新的量表就显得十分有必要了。因此，本书在梳理现有文献的基础上，提出了自己的研究思路，从利益相关者视角对企业社会责任的测量维度进行重新界定，并设计、开发出了适应当前我国现实情境的企业社会责任量表。这是本书的一个关键问题，关乎是否能为企业社会责任的探索与研究提供可靠的方向指导与理论依据。因此，本书重点探讨了基于利益相关者的社会责任的构成及具体维度划分，得出社会责任是由企业各方面的利益相关者共同治理的结论，并找出了二者之间存在的逻辑性及融合性，为构建利益相关者理论视角下的企业社会责任量表打下坚实基础。

（2）探讨企业社会责任影响战略风险的作用机理

本书以企业社会责任为核心概念展开，探讨其对战略风险的影响效果，并细致探究了内外部利益相关者责任对战略风险各维度的内在影响程度，这是本书的核心问题。此问题的结果将会显著关系到一个企业的战略规划、社会责任实践任务的具体执行与效果。因此，本书基于利益相关者理论、风险管理理论等实证分析，找出二者的真实关系，并在此基础上进一步分析了变量的各个维度之间的关系。通过研究发现，企业社会责任的战略意义越来越显现，与企业建立竞争优势、风险规避、促进可持续发展密切相关，从而能够不断地扩大其对现代企业发展战略与策略的重大影响。

（3）探讨企业伦理决策机制在企业社会责任作用于战略风险过程中的调节作用

这是本书所要重点研究的问题。企业社会责任在规避战略风险的过程中可能需要相应的企业伦理决策机制与之相配合，因为企业的每个战略决策都决定着企业可持续发展的方向与相应目标，影响着企业的日常生产经营活动。因此，本书根据商业伦理理论将企业伦理决策机制分为功利主义决策与利己主义决策两个类别，分析两种企业伦理决策机制对企业社会责任与战略风险之间关系的调节效应。本书在验证两种企业伦理决策机制所起到的是抑制性还是促进性作用的基础上，寻找高效利用企业社会责任进行战略风险抵御的合理方式与途径。

1.2.2 研究意义

（1）理论意义

企业社会责任是目前管理学、社会学等研究的热门领域。专家和学者在企业应不应该履行社会责任的探讨上基本达成一致观点，即企业离不开社会，企业需要社会提供资源及条件，因而企业也应学会反哺社会，把履行社会责任作为己任，勇于担当，促进社会与企业的和谐发展。在学术界，大多数研究都是关于企业社会责任的内涵及类别，以及企业社会责任与经济绩效改善、竞争力提升、员工和消费者忠诚度等方面的，而对企业社会责任与战略风险关系的探讨则很匮乏。

第一，本书将社会责任的概念进行扩充，然后在理论上前瞻性地探索与研究了企业社会责任对战略风险的影响，拓展了企业社会责任领域的研究范畴，填补了企业社会责任对战略风险影响的研究空白，促进了企业社会责任与风险管理交叉理论领域的发展与深入。

第二，风险管理是企业发展永恒的主题，分析企业社会责任对战略风险的影响具有一定的开拓性。传统的战略风险防范工具缺乏对风险因素的系统研究，随着环境不确定性的增强，其实用效果削弱了。本书不仅在方法上能给此类工具以一定的补充和完善，也进一步扩展了风险管理的理论范畴，为提高我国企业风险防御能力提供理论参考与依据。

第三，本书尝试从企业伦理决策机制的视角探讨企业社会责任对战略风险的影响。企业伦理决策机制具有一定的目的性和导向性。国内外学者已经对企业伦理决策机制的类型进行了划分，但少有学者探讨企业伦理决策机制对企业社会责任履行的作用；同时，更少有学者研究企业伦理决策机制的类型对企业社会责任与战略风险之间关系的影响。本书在前人研究的基础上，分析了实证检验企业功利主义决策与利己主义决策机制在企业社会责任与战略风险之间关系的调节作用，为今后学者使用企业伦理决策机制进行同类的研究提供理论借鉴。

（2）实践意义

第一，为我国企业风险治理提供一种新思路与路径。理清企业社会责任与持续经营之复杂关系，以助于经营者得心应手地把握义利之度，沉着冷静地处理企业的各种危机、风险，使企业的战略风险维持于可控的范围之内，在追求自身价值创造的同时促进社会文明的进步。本书的研究得出，企业社会责任的履行程度越高，越有助于企业降低战略风险。企业良好的社会责任表现能促进社会责任与战略规划、经营活动密切融合，赢得利益相关者的认同与支持，获得可持续的战略优势。这对企业的可持续发展具有重要的现实意义。

第二，有助于推进基于利益相关者理论的企业社会责任共同治理。将众多利益相关者的需求纳入企业社会责任量表设计中，从企业高层制度规划以及安排的层次设计出内外部利益相关者精诚合作、融合共生的理论架构，让各个利益相关者的利益需求都得到实现，实现企业的价值共创。因此，基于此目的构建的企业社会责任测评体系，更全面地协调了利益相关者之间的关系，让他们在公平、负责任的氛围中团结合作，推动企业社会责任实现，减少利益冲突、信息沟通不畅及风险的产生。本书的研究结论使企业将社会责任合理分解到企业日常的各项生产经营活动中去，社会责任的表现更具体、更透明，这能够有效激励利益相关者齐心协力地推进企业社会责任活动的开展。

第三，推动企业的社会责任战略化趋势。将企业社会责任纳入战略规划中去，是现代企业社会责任发展的新趋势。企业将社会责任战略化，从企业战略决策规划的视角出发来考虑企业社会责任问题，提升社会责任的理论高度及现实重要性，通过选择合适的路径来实现企业社会责任与战略发展的新融合，进而从战略层面降低企业的战略风险。

第四，有助于企业将战略决策与我国传统文化思想相结合，推动伦理决策机制在促进企业社会责任履行中的作用效果。我国传统文化提倡"己所不欲，勿施于人""自我价值的实现存在于社会价值之中"等人与自然、企业和社会协调发展的观念。企业伦理决策机制的存在，能更好地将我国传统文化的精髓与企业社会责任相融合，赋予了伦理决策机制以新的内涵，同时有助于我国传统文化的继承与发扬。

1.3 研究内容与结构安排

1.3.1 研究内容

本书的内容主要包括以下几个部分：

（1）识别企业的内外部利益相关者，构建基于利益相关者的企业社会责任评价体系

本书将依据 Mitchell 和 Wood（1997）所提出的包含权力性（power）、合法性（legitimacy）与紧急性（urgency）的 PLU 模型对内外部利益相关者的概念和重要性进行界定，识别利益相关者的不同类别，明确企业社会责任实施的主体。同时，本书进一步研究各利益相关者的利益需求及其对企业的影响，构建出符合我国企业经营情境的企业社会责任评价体系。基于利益相关者的企业社会责任评价体系，为企业社会责任对战略风险的影响机制研究奠定重要的基础。

（2）构建企业社会责任作用于战略风险的理论模型

本书运用利益相关者理论、风险管理理论等，将企业社会责

任分为内部利益相关者责任与外部利益相关者责任，将战略风险分为运营风险、资产风险、竞争风险和声誉风险四个维度，然后对企业社会责任影响战略风险的路径进行分解与细化，详细分析了企业社会责任影响战略风险的机制，并重点探讨了二者所含维度之间的影响作用，进而在理论上设计了企业社会责任抑制战略风险的实现机制的具体内容，剖析了企业社会责任影响战略风险的具体路径。

（3）分析企业伦理决策机制对企业社会责任作用于战略风险的路径的调节效应

这部分研究是以我国社会文化及经济转型背景为基础的，依据的是商业伦理理论与群体决策理论。在企业伦理决策机制下，企业社会责任对战略风险的影响，一方面表现为企业实施社会责任行为的必要性与特殊性，另一方面表现为企业对风险的偏好性与规避性。

在功利主义决策下，由于我国文化注重评价层面的"求其善"，相对忽视认知层面的"明其真"，突出人伦关系，注重从社会关系中定位个体，使得企业能够树立起负责任、重集体利益的观念，在追求经济利益的同时注重社会公众的利益需求，不为了利益而冒险，能有效地规避战略风险。

在利己主义决策下，我国企业的社会责任观念不够深入，企业履行社会责任没有自律性，导致一些企业管理者为了追求企业利润最大化和凸显个人的功绩而忽视社会责任，不顾利益相关者的利益需求，盲目追求经济利益，导致了企业的经营风险甚至破产清算的局面。

本书将采用对比的方法，探究企业伦理决策机制二维度的调节效应及效果的差异性。

1.3.2　结构安排

本书紧密围绕"企业社会责任对战略风险的影响"这一研究主题，采用管理学的一般研究范式，基于研究内容的逻辑与特点，对全书的逻辑思路及章节安排进行了相应的设计。从研究背景的铺垫、提出研究问题、文献阅读及理论依据筛选等前期任务的准备，到理论模型框架的构建、问卷的设计与调查以及假设检验分析等重点任务的完成，并在研究结果的基础上归纳出研究结论、启示、局限与展望，本书最终确定由6章组成，其中每章的基本内容如下：

第1章"绪论"。本章内容如下：

第一，本章揭示了本研究要分析我国企业社会责任履行与战略风险防控的关系，提出相应的具体、科学的研究命题，描述研究命题背景的目的及意义。

第二，本章对研究内容进行逻辑串联，合理安排文章结构，阐明研究思路及所采用的方法，通过技术路线图的描述，归纳出研究的逻辑框架。

第三，本章着重对本研究的贡献逐条进行了归纳与阐释。

第2章"文献综述"。本章内容如下：

第一，本章围绕研究所涉及的企业社会责任、伦理决策、战略风险等核心概念进行了系统、深入的回顾，主要从内涵界定、维度构成、测度体系、影响前因及作用结果变量等方面对先前的国内外研究成果展开了系统归纳与评述，其中关于企业社会责任维度的划分是重点突出的部分。

第二，本章对国内外有关企业社会责任、伦理决策及战略风险的文献进行细致周全的总结与评述，并拓展了研究取得的成果及未来的研究空间。

第3章"理论分析与研究假设"。本章内容如下：

第一，本章对本研究所采用的各种理论进行了论述与梳理，为后面理论框架的具体构建夯实理论基础。

第二，在理论分析的基础上，本章构建了以企业社会责任（内外部利益相关者责任）为解释变量，以伦理决策（功利主义决策与利己主义决策）为调节变量，以战略风险（运营风险、资产风险、竞争风险及声誉风险）为被解释变量的理论框架，全面细致地逐层次分析各变量之间的关系，在理论推导的基础上提出了研究的总体假设。

第4章"问卷设计与量表开发"。依据现有研究所阐述的问卷设计的原则及规范，本章通过文献查阅、实地访谈等多种途径，直接采纳了先前研究中检验性能良好、比较成熟的测量量表，并根据我国现实国情，对量表进行了修正与完善，具体操作如下：

第一，本章依据相关理论及我国现实情况，对企业社会责任的量表进行重新设计。

第二，本章对伦理决策、战略风险的量表进行了测度与修正，最终得到研究所要使用的初始的总体测量量表。

第三，本章通过对小规模样本进行预测试，使用统计软件对小样本数据展开探索性因子分析、信度和效度分析等，对初始问卷进行进一步的修正与完善，并最终形成本书所需的大规模调研的问卷。

第四，本章使用所形成的调查问卷进行正式的调研工作。在问卷调研任务结束后，研究人员回收全部调查问卷，并通过内部一致性（系数）分析等检验有效量表的信度，进行题项净化。

第五，本章使用SPSS 19.0对样本数据进行探索性因子分析，检验不同题项的因子负荷值及变量之间的信度和效度。

第5章"数据分析与假设检验"。本章内容如下：

第一，本章对大样本数据的企业及个人特征进行描述性统计，使用 SPSS 19.0 与 AMOS 17.0 对变量的信度、效度进行检验和分析描述，对样本总体进行检验，进一步验证了问卷的有效性和适用性。

第二，本章对理论模型的主效应进行层次回归检验，探讨企业社会责任对战略风险的影响，并检验企业社会责任（内外部利益相关者责任）对战略风险（运营风险、资产风险、竞争风险及声誉风险）不同维度的影响作用。

第三，本章分别检验利己主义决策与功利主义决策在企业社会责任对战略风险的影响中所起到的调节作用，并综合两种决策机制的影响，验证了企业履行社会责任与伦理决策的交互效应对战略风险的影响。

第四，在汇总分析本研究所得到的全部结果的基础上，本章对模型进行总体性评价。

第6章"研究结论与展望"。本章内容如下：

第一，本章对研究所得到的结论进行了归纳，并对研究成果给予相应的解释与说明。

第二，本章充分阐述了研究的理论创新和对管理实践的启示作用。

第三，本章指出了本研究仍存在的不足与缺陷，并说明后期可改进的方法与途径，对后续研究提出指导与建议。

1.4 技术路线与研究方法

1.4.1 技术路线

参照陈晓萍等（2008）在管理研究方法上的基本步骤，结合本书所展开研究的现状，本书构建出具体的技术路线图（如图1-1所示）。

研究内容与思路 ──── 研究方法

研究综述	理论基础与相关研究综述
	利益相关者理论 契约理论 市场失败理论 企业决策理论 风险管理理论 ／ 企业社会责任、战略风险、伦理决策机制的研究综述

文献研究 理论与实践研究

模型构建

中国情境下企业社会责任对战略风险影响的内在机理研究

企业社会责任对战略风险影响的假设 ／ 伦理决策机制的调节作用假设

归纳演绎 逻辑推理

实证研究

企业社会责任对战略风险影响路径的验证与比较 ／ 伦理决策机制的调节作用验证

问卷调查 统计分析

结论与讨论

研究结论与管理启示

理论与实践研究

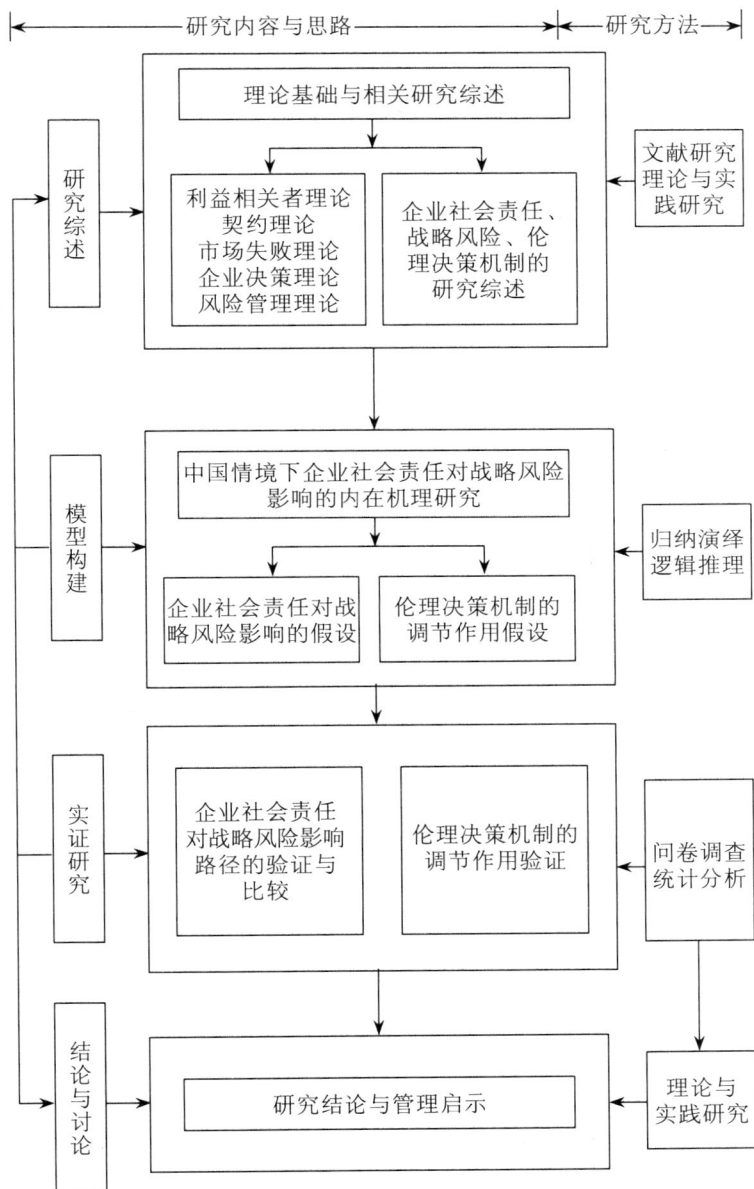

图1-1 本书的技术路线图

第一，在参阅大量文献、理解研究理论的基础上，本书将研究的科学问题聚焦到企业社会责任对战略风险的影响上来。

第二，本书构建我国企业的社会责任履行对战略风险的影响模型。

第三，本书通过半结构化问卷调查搜集信息，对量表进行信度、效度检验。

第四，本书基于大样本数据对研究假设进行检验，并对企业伦理决策机制在企业社会责任对战略风险影响过程中的调节作用假设进行检验。

第五，本书归纳与总结主要结论、理论及现实启示，指出研究还存在哪些方面的不足，并为后续的研究进行了展望。

1.4.2　研究方法

（1）文献研究法

通过大量地搜集、查阅、整理与归纳已有的相关研究成果，本书对企业社会责任、战略风险及伦理决策等的概念与构成、影响因素及结果变量进行了科学、周全的梳理，并对利益相关者理论、商业伦理理论及风险管理理论等以及与研究问题的关联性进行了总结，在文献评述及相关理论分析的条件下，构建了基于企业伦理决策机制的企业社会责任对战略风险的影响理论模型，并提出相关的研究假设，界定研究涉及的概念的操作性定义和测量。

（2）归纳演绎法

本书基于利益相关者理论、风险管理理论和商业伦理理论等，通过严密的逻辑推理及规范的演绎推理，分析了CSR对战略风险及伦理决策的影响作用。上述工作为本书理论框架模型的构建及假设提出奠定了基础。本书还对相关概念内涵的理解、实证分析结果及相应的建议进行理论分析。

（3）问卷调查法

该方法主要是通过访谈调研等方式对问卷内容进行初步设计，然后使用基础量表展开大规模调查研究，依据调查结果的数据进行统计分析。本书首先在阐释变量关系的基础上，依据现有问卷及自己的调研设计，对量表总体进行科学的修补与完善，最终形成所要使用的量表体系。

（4）实证研究法

实证研究是本书的特色。本书通过统计软件 SPSS 19.0 与 AMOS 17.0 对样本数据进行描述性统计分析、信（效）度分析、因子分析（探索性及验证性）、相关分析等，并以层级回归分析的方式验证了研究模型中所涉及的研究假设。

1.5　研究创新点

（1）CSR 的维度划分与测量

作为目前社会责任探讨的热点问题，企业社会责任的维度划分与测量是本书重要的基础问题。在对前人研究成果进行系统总结和归纳的条件下，本书突出本次研究的特征，开展了文献资料研究和实地调研访谈研究，开发了企业社会责任量表，修正了战略风险、伦理决策的量表，以实地问卷调查的方式，得到了大量的有效数据，并依托 SPSS 19.0 与 AMOS 17.0 统计软件对本书所构建的量表进行测度。目前，这种研究方法是国际管理学界较为普遍的一种方法，其具体的数字分析及结果进一步支撑与充实了本书的研究结论。

（2）实证分析企业内外部利益相关者责任与战略风险之间的关系

以往对企业社会责任的研究多是从经济和外部环境压力视角进行的，目的是分析企业社会责任对企业财务绩效、企业竞争力等的影响，从企业为防范自身风险、长期发展而主动履行企业社会责任的角度来研究的情况，在我国是较少的。本书以构建的内外部利益相关者责任二维度为基础，首先验证企业社会责任对战略风险的影响，接着又全面地验证了内外部利益相关者责任对战略风险（运营风险、资产风险、竞争风险及声誉风险）四维度的影响，期望补充和完善这一研究领域的不足之处，推动我国企业社会责任研究的发展。

（3）揭示了伦理决策的调节作用，并进一步验证了功利主义决策、利己主义决策与企业社会责任的三项交互作用对战略风险的影响

企业伦理决策机制对企业的发展战略制定与企业社会责任活动的开展具有很大的决定作用，本书拟引进企业伦理决策机制作为调节变量，分析其在企业社会责任对战略风险的影响过程中的调节作用。研究结论显示，企业伦理决策机制（功利主义决策与利己主义决策）对企业社会责任和战略风险起到调节作用，而且企业社会责任与功利主义决策、利己主义决策三项交互作用也对战略风险产生一定的作用，从而验证了基于企业伦理决策机制视角分析企业社会责任和战略风险关联机制的合理性。

（4）构建了CSR-伦理决策-战略风险三者作用关系的理论模型

前期研究主要探讨了战略风险的构成及防范措施，忽视了战略风险的前置因素的影响，尤其是基于利益相关者理论的企业社会责任对战略风险的影响路径。鉴于此，本书开创了一个全新视角来探索战略风险，在利益相关者理论与风险管理理论的指导下，整合了内外部利益相关者责任和战略风险的相关研究，明晰了内外部利益相关者责任对战略风险的作用效果，验

证了伦理决策的调节效应，为强化企业社会责任与伦理决策的作用机制提供新的理论参考依据，同时完善了战略风险的内容研究体系。

第 2 章　文献综述

2.1　战略风险研究综述

2.1.1　战略风险的内涵

风险（risk）是指在给定条件下，某一时期不愿发生的事件发生的不确定性的客观体现（苏慧文，1997）。

风险可以从广义与狭义两个层面进行理解：

①广义上的风险包括风险收益和损失发生的不确定性两个方面（Jorion，2005），一般采用收益分布的方差分布来测度。

②狭义上的风险仅仅包括损失发生的不确定性（SEC，2003），可通过在给定时间区间和置信水平下对预期最大损失进行估计来测度。

当企业面对各种直接或间接影响经济活动的因素时，理性人不能准确地分析与预测最终的结果，引发了风险，因此不确定性是风险的关键特征。

基于此，Yates 和 Stone（1994）在对风险进行系统分析的基础上，构建了风险测度的三因素模型，包括潜在损失的存在、损失程度的大小以及损失的不确定性。

一些行业性组织机构也开始从不确定性层面对风险进行探讨。

2004年，美国 COSO 在其实施的《企业风险管理——整合框架》中，将不确定性对战略目标所产生的影响从正、负两个方面进行解释，对企业战略目标的正面影响被称为机会，对企业战略目标的负面影响被称为风险。但是，从两个层面综合来看，不确定性也可能为企业带来机会与风险的双重影响。

2006年6月，我国国有资产监督管理委员会发布的《中央企业全面风险管理指引》，分析了未来经营的不确定性可能对企业经营目标的影响，并依据不确定性能否为企业带来收益，将风险划分为只有损失的纯粹风险和机会与损失并存的机会风险。

Elahi（2013）在考虑风险的不确定性和潜在损失的大小的基础上，认为风险就是损失发生的不确定性。

从某种程度上看，风险因素的分析与企业战略目标实现的影响因素的分析过程是同样的。风险因素总是会随企业战略的发展而变化，而负面的变化可能会导致企业战略目标的失败。从企业整体环境的视角进行分析，战略风险主要源于企业内部资源与外部环境两个层面的协调及匹配程度。来自于外部环境的战略风险因素可以被概括为战略环境，具体分析可以借鉴战略管理中的外部环境分析方法进行。稍有不同的是，战略风险更加关注因素的变化和不确定性。相比较而言，对源于企业内部资源的战略风险因素的分析过程就比较复杂。这主要是因为源于不同的战略观。

从字面意义上理解，我们不难看出，企业战略风险是企业风险的一种。

在企业管理的相关领域，战略风险的概念最早源于决策理论。决策理论认为在面对不同的内外部资源与环境下，受限于企业团队人员的决策水平与战略预测能力而作出的战略性决策产生的风险为战略风险（Flanigan et al.，1980）。虽然基于决策理论的战略风险的概念得到了大多数学者的认可与支持，但仍有一些学者从不同的理论视角、不同的层面对战略风险的概念进行了定义。基于现有战略风险的相关研究成果，并结合风险产生的原因及防范，本书将目前具有代表性的概念内涵总结为以下五种：

（1）从战略自身视角对战略风险进行界定

Aron 等（2005）将战略风险理解为企业战略自身的风险，即企业在进行战略环境分析、战略方案选择和战略规划实施等阶段所出现的风险加总。

孙慧和程立（2012）则认为，战略风险是指企业在战略制定、执行过程中所得到的具体结果与预期目标之间的负向差别。这种负向差别既包括企业战略管理活动所处内外部条件与预期条件和假设间的差异，还包括实际战略执行过程、结果与预期战略目标间的差异。可以说，此类观点是以风险防范为出发点，使用战略性思维方式及运作模式来管理风险，即把风险看作一种行为来进行管理。虽然此种观点将战略与风险进行了深度融合，从字面意义上为战略风险的解释提供了理论支持，但企业在现实生活中所产生的战略风险，不仅包括负面的影响，也包括风险所带来的正面影响，即风险也有转化为机会与优势的可能性。

（2）基于决策理论的战略风险内涵界定

决策理论认为，企业在战略决策过程中，由于存在很多内外部不确定性因素，战略决策过程也具有复杂性，所以产生了决策性风险。

Andrews（1971）在其战略风险构建的文章中同样指出，战略风险存在于企业的战略决策过程中，企业进行战略决策所导致的风险即为战略风险。

McCullough 和 Barton（1991）也从决策理论的视角出发，将战略风险定义为停业、倒闭等不确定的经营结果对企业的未来走势决策所产生的风险。此概念认为企业的战略决策过程至关重要，它能够引起企业经营局势的动荡，严重的甚至导致企业破产倒闭。战略决策风险是战略风险的重要表现形式之一。

Robert 和 Edwin（2001）指出企业在战略规划及决策中，由于信息不完全对称的限制，决策会产生不确定的结果，在一定条件的影响下，不确定性会转化为企业的风险。所以，战略风险界定应当根据其决策条件的不同而划分为不同的类别，即战略风险可能是引起企业盈利变动的战略举措，或企业决策进入陌生的经营领域、遭受损失的风险事件等，这些战略决策行为都在一定程度上产生了无法预知的不确定性结果，这就会在决策评价的实际操作过程中给企业带来战略风险。

基于决策理论的战略风险界定，只是从企业战略决策制定层面对战略风险的产生进行了阐释，无法体现出战略风险的多样性与可测量性。

（3）基于风险理论的战略风险内涵界定

风险理论指出，战略风险是企业整体经营成果遭受损失的不确定性。

Pates（1992）在分析损失的确定性三因素模型时指出，损失的可能性、损失的程度及损失发生的概率是基于风险理论的战略风险的基本框架。而在财会、金融相关领域，在国家宏观经济调控政策及现行经济波动的影响下，企业收益所产生的损失的概率性问题被称为企业战略风险。

Frigo（2009）进一步描述了收益与经济波动的关系，指出产业政策调整、宏观经济波动会影响企业收益的变化，若企业无法将自身收益与产业政策调整、宏观经济波动进行协同推进，则会产生战略风险，战略风险会受到外部环境的干预与影响。

关于企业在经营管理中产生整体损失的可能性，刘升福（2003）认为在损失的测度上不仅可以从经济利益损失方面衡量，也可以从非经济利益损失（如市场竞争地位降低）方面测度。

Collins 和 Ruefli（1996）从行业竞争的角度出发，认为战略风险就是"企业在其所属行业中的综合排名降低的程度"。如果企业在行业竞争中的排名下降速度增快，这表示企业的综合竞争力正在丧失，且这种损失具有非经济利益的性质。

此类有关战略风险概念的界定，只是充分依托风险的内涵，从损失的程度、范围及内容的可操作性方面与其他风险进行区别，但这种界定方法无法体现战略风险的独特性，因此在现实生活中的操作性较弱。

（4）基于战略管理理论的战略风险内涵界定

张荣琳和霍国庆（2007）从企业的战略管理流程及步骤出发，指出不同的管理阶段会产生相应的风险，在各阶段中，战略行为的不当操作导致的企业蒙受损失的不确定性就是战略风险。

Simons（1999）指出，战略风险是指单个或多个无法预料的事件，它们的出现将会降低企业管理者执行原来制定的战略规划的力度与信心。战略规划的实施能力下降也可看成是一种非经济利益方面的损失，即在可观察的层面，造成企业资源能力及市场竞争优势的削弱与丧失。

此种战略风险内涵的界定将企业战略管理任务与管理操作流程、战略目标进行密切结合，而对战略风险的具体影响的前因及重要程度的描述仍需进一步探究。

（5）从风险构成因素相互作用的视角对战略风险进行界定

风险因素是指能产生或增加损失概率和损失程度的条件或因素。很多战略管理者都依据风险的构成要素类别、要素之间的相互作用及风险形成机理来探究企业战略风险的产生过程。

Miller和Leiblein（1996）指出，对企业绩效和战略规划造成损失影响最重要的因素包括企业外部环境特性、产业环境特性、组织特性、决策者特性及战略问题的特性等。其中各因素及其构成体系会对战略风险产生方向不同、大小不一的影响，且这五类风险指标共同决定了企业战略风险的总体水平。

Baird和Thomas（1985）依据企业处在不同的产业环境及社区划分风险因素的层级，产生相应的战略风险，即战略风险分为企业风险和产业风险两个层次。战略风险由上述两种风险因素相互作用而形成。

杨华江（2002）指出，公司战略目标、资源及能力、核心竞争态势、经营业绩都会对战略风险产生一定的影响，这些因素的相互动态作用就形成了所谓的战略风险。

此类战略风险的内涵界定对其产生前因及相互作用进行了阐释，没有详细说明如何从动态视角对其进行测度和评价、如何控制战略风险发生的概率。

表2-1对战略风险内涵的理论依据、主要观点及代表性学者进行了归纳与总结。

从表2-1中可以看出，战略风险主要源于企业内外部资源和环境、战略决策机制与战略管理活动的匹配程度。企业内部资源主要是指财务资源、人力资源与技术资源等，外部环境主要包括宏观经济调控、产业政策调整及利益相关者的压力等能够引起未预料的风险的因素。战略决策机制与战略管理活动包括前期信息处理、战略决策过程与战略制定、战略实施的管理与反馈等，这些都可以引发一连串的风险。以上都是战略风险产生的可能因素，基本上涵盖了各个层面的可能因素，但仍存有缺陷。

表 2-1　　　　　　　　　　战略风险内涵的界定

理论依据	主要观点	代表性学者
组织战略理论	组织自身存在的风险，即企业在进行战略环境分析、战略方案选择和战略规划实施等阶段所出现的风险	Aron 等（2005）；孙慧和程立（2012）
决策理论	决策过程中由内外部不确定性因素及战略决策过程的复杂性、全面性所产生的决策性风险	Andrews（1971）；McCullough 和 Barton（1991）；Robert 和 Edwin（2001）
风险理论	企业整体经营成果遭受损失的不确定性	Pates（1992）；Mark（2009）；刘升福（2003）；Collins 和 Ruefli（1996）
战略管理理论	在战略管理流程及步骤中，在不同的管理阶段所产生的风险	张荣琳和霍国庆（2007）；Simons（1999）
相互作用理论	风险构成因素之间的相互作用	Miller 和 Leiblein（1996）；Baird 和 Thomas（1985）；杨华江（2002）

　　战略风险所导致的结果主要有企业战略目标实现偏差与整体性损失。企业战略目标实现偏差主要是指企业的战略规划目标与实际执行情况之间的差别；整体性损失既含有经济利益层面的损失（企业利润下滑、财务绩效指标无法实现等），也有非经济利益层面的损失（行业整体排名下降、市场竞争优势丧失等）。

　　基于上述战略风险概念的界定，可知影响企业战略风险的因素较多，应从多维度视角对其进行界定。战略风险包括企业战略与企业风险。企业战略是指通过优化资源配置，适应不断变化的市场环境，以获得各利益相关者的支持，赢得竞争优势，实现企业的战略愿景与可持续发展。

2.1.2　战略风险的维度与测度

（1）战略风险的维度

随着企业对可持续发展目标及战略规划的重视，诸多企业家及学者对战略风险的构成及维度划分进行了全方位的解释，并提出了相应的战略风险维度识别模型。

Horne（1983）基于现代金融理论首次对战略风险的特征与构成维度进行了论述，建议使用风险所带来的收益大小测度战略风险，战略风险与收益呈正相关关系。但这种使用单维度测度错综复杂的战略风险的方式，并未得到后续研究者的认同与借鉴。

Baird 和 Thomas（1985）对前期学者关于战略风险的维度构成及形成原因进行了归纳，指出在社会经济层面存在宏观环境风险，在行业竞争市场中存在行业风险，在组织内部存在运营风险，在战略制定与战略控制过程中存在战略性问题风险；由于决策者的风险认知水平、风险偏好程度等不同，形成了决策者风险，并对模型中各个维度的指标进行了详细的探究。

Miles 和 Snow（1987）对前期学者基于财务理论、决策理论视角的战略风险研究进行批判与重构，指出这两种理论都不利于理解战略风险，应从战略管理视角对战略风险进行定义及维度划分。他们认为企业生存于社会大环境之中，必须积极应对企业环境、产品-市场环境和资源环境中所产生的各种风险，因为这些风险的无效处理将导致企业举步维艰，甚至威胁企业的生存；同时，从战略管理环境的角度阐释企业所面临的创业、行政管理及工程管理三个核心问题，对应于这些核心问题，战略风险涵盖了创业风险、运营风险和竞争风险三个层面，具体作用机制如图2-1所示。

创业问题是指企业界定其经营活动的行业与领域，准备选择适当的企业环境进行经营活动的问题，是公司战略层面的问题。

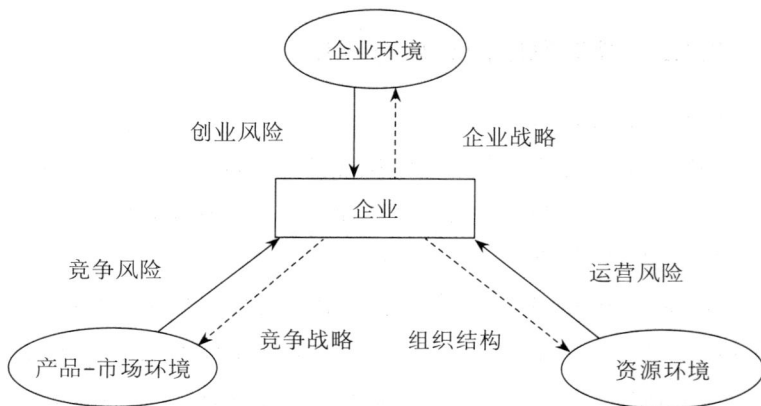

图 2-1　Miles 和 Snow（1987）的战略风险模型

在战略风险模型中，创业风险维度被定义为：在特定环境中开展业务活动和关系的企业的相关潜在损失。因此，我们应从跨行业的视角分析创业风险。涉及企业战略风险层面的利益相关者包括企业所有者、投资者和高管人员。企业所有者和投资者关注的是企业所能获得的收益，因此企业高管人员经常通过为战略业务部门分配资金来选择企业环境（行业），即企业高管人员使用企业层面的策略（如兼并、收购和业务出售）来影响创业风险。企业产品市场管理过程中存在超前与滞后两个方面的问题。解决问题的主要方式是发起能够使企业在其产品市场环境中形成竞争态势的活动，通过制定合理化和独特的竞争战略来解决超前及滞后层面的问题。

　　竞争风险被定义为在开发和维护产品-市场环境关系中的企业的相对损失。企业竞争风险的分析能力应在行业内处于适当水平，适当的风险测量应当识别企业与其产品-市场环境关系的相关性。

　　运营问题涉及建立一个企业能有效地进行其经济活动的系统，系统的建立需要选择适当的技术生产产品或服务，以及形成或修正各种信息、通信和控制设备，以确保技术的正常应用，企业的系统构建必须能够使其在资源环境中有效地获取各类资源要素。因此，运营风险被定义在允许企业获得有效开展业务所必需的资源条件下企业与其资源环境关系的相对损失。适当的运营风险度量应该区分企业与其资源环境之间关系的相关绩效。

Baird（1994）则在详细分析战略风险产生的内外部环境因素的基础上，对战略风险的权变理论模型提出了修正与完善，并从企业内外部环境的结构特点入手，识别不同的战略风险维度，把战略风险分为企业风险与产业风险两个层次。企业处于不同的产业内，外部产业、宏观环境的变化会造成该产业整体损失的可能。而企业风险则取决于自身因素，如盈利的变化、信息缺失及破产倒闭的风险等。

Simons（1999）依据 Miles 和 Snow（1987）等的研究成果，从商业管理角度将战略风险归结为四大类：竞争风险、运营风险、资产风险和商誉风险。在风险的层级划分上，前三种风险层级相同，而商誉风险是上述三种风险相互作用的综合反映，如图2-2所示。

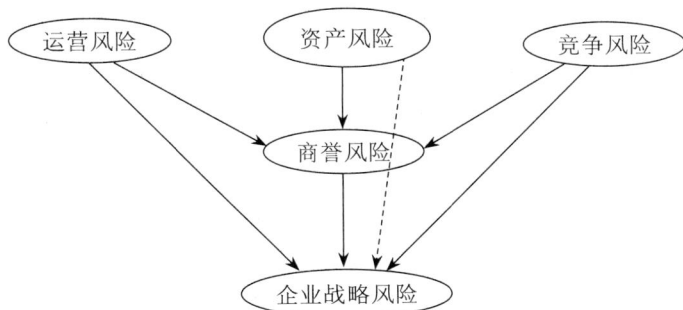

图2-2　Simons（1999）的战略风险模型

竞争风险是指由于竞争环境的变化，企业在价值创造以及产品和服务的设计能力方面遭受损失。这主要源于以下几方面情况：

首先，企业面临的竞争环境发生变化，使供应商在原材料定价与批发程序上随之发生一定的变化；

其次，竞争对手开发出高品质的产品或产品性能有所提升以及服务质量有所改善等；

最后，新时代的消费者需求充满了多样性和个性化，政府法规和政策也经常调整等。

运营风险是指企业在产品生产及流程再造过程中出现的不当操作。当不当操作产生严重后果时，运营风险就自然而然地转化为企业战略风险。运营风险可以看成企业在核心生产流程、产品设计流程方面能力的丧失致使运营能力减弱的结果。可以说，无论是生产制造行业还是服务行业，其价值创造活动中总会存在不同程度的运营风险。

资产风险是指企业的资产减值、遭受重大灾难而导致资产减少的风险。在企业战略实施过程中，若财务价值、知识产权等有形和无形资产自然退化或遭受不同程度的外部不可抗力，则资产风险就会转化为战略风险。

在上述三种风险的综合影响下，企业的消费者会对企业产生负面看法，降低企业声誉与形象，这时候就会产生商誉风险。

随着对战略风险维度划分研究的深入，Clarke 和 Varma（1999）在回顾之前战略风险管理的基础上，认为在建立战略风险管理的竞争优势的步骤中，首先要确定企业及其利益相关者关注和能够识别的主要领域风险，如经营风险（项目风险、交易风险）、类别风险（信用风险、供需风险）、事件风险（突发危机、声誉风险）和市场风险（利率风险、股票收益风险）等，其主要目标是识别和汇总管理者和利益相关者所感知的企业风险。这项工作一般从基础设施、决策渠道和操作系统的彻底审查开始。风险因素的优先顺序通常着眼于股权的不确定性和风险控制流程及质量。通过这一步分析，管理层能够清楚地了解风险因素和风险问题的优先级。

Slywotzky和Drzik（2005）在《哈佛商业评论》上发表了《抗击最大的风险》一文，首次提出了战略风险地图的概念。他们将战略风险归为7个类别，并绘成了战略风险地图（见表2-2）。每大类风险之下又包括许多极具危险性的风险内容及相应的解决方案。各类风险的大项包括：

表2-2　Slywotzky和Drzik的战略风险地图中的风险类型

风险类型	风险内容
行业风险	利润变薄，研发费用升高，超负荷，大众普及化，政府解除管制，供应商力量提升，商业周期极其短暂
技术风险	技术更新换代，专利过期，流程过时
品牌风险	侵蚀、崩溃
消费者风险	消费者偏好转移，消费者力量提升，过分依赖有限数量的消费者
竞争者风险	出现具有全球竞争性的对手、独一无二的竞争对手，其逐渐蚕食市场份额
新项目风险	研发失败，IT项目失败，并购业务失败
发展停滞风险	产品销量增长停滞或下降，或者销量上升但价格下跌；销售渠道脆弱、不畅

①行业风险。行业在发展中可能会出现一系列威胁到企业生存的变革，造成行业内部的价格竞争与创新竞争。长期中，这个行业可能会受到极端商业周期波动的影响，所有竞争者的利润率被破坏，整个行业成为非盈利区域。

②技术风险。新技术意外地侵入市场或者产品失去专利保护造成特定产品和服务在短期内过时，也会导致企业经营绩效的重大变化。

③品牌风险。在品牌风险出现时，品牌的相关性和吸引力可能会受到侵蚀，企业价值会大幅降低，甚至致使品牌形象彻底

崩塌。

④消费者风险。企业对少数消费者产生过度依赖时，消费者偏好的急剧转变引起高强度、广深度的企业风险。

⑤竞争者风险。当独一无二的竞争对手出现并占领市场上最大份额时，企业要学会在业务设计方面进行快速变革，最大限度地减少与独特竞争对手的战略重叠，并在相邻经济空间建立有利的位置。

⑥新项目风险。一个新项目面临技术上的限制或资金方面的支持力度限制等，或者由于其新颖性而不能有效吸引参与者；但实力强劲的竞争对手会很快复制项目并挖掘市场，造成企业新项目的失败。

⑦发展停滞风险。无数的大企业因无法找到新的增长点而使其市场价值增长停滞或下降。在某些情况下，它们在成熟市场上的成交量增长放缓并逐渐呈现停滞状态，但这些风险都可以被发现、测度，并通过不同的措施来消减。

国内战略风险研究现处于前期探索阶段，大都依据国外学者提出的理论与方法，未形成自己相对完善的理论基础与研究方法，在战略风险概念界定及维度测量上也未达成一致。

在 2005 年召开的全国企业管理创新大会上，刘冀生（2005）就针对我国企业当时的风险状况，发表了《新竞争形势下企业战略风险管理》的报告，认为战略风险主要来源于企业战略管理的各个阶段及相应阶段的环境状况，可以从国内宏观环境风险、国际环境风险、企业发展愿景以及使命风险等层面进行识别。

祝志明等（2005）在客观分析企业所处的战略环境、拥有的战略资源与战略知识、战略本身、组织结构、生产流程等战略风险因素后，指出6种因素之间的动态协调性差、匹配程度低是企业战略风险发生的关键所在，然后构建了企业战略风险形成的路径及机理。

Pan 和 Cai（2008）基于 Baird 和 Thomas（1985）的权变模型，将企业的宏观环境因素、行业环境因素、组织内部环境因素、决策者因素、战略因素及自身因素进行融合分析，构建了企业的战略风险评价体系。

商迎秋（2011）从企业战略环境、战略资源、战略能力及运营能力 4 个层面 52 个题项构建了企业风险因素的识别框架，并通过战略风险模型的评估，分析指出各维度的权重与等级确定，对战略风险应对提出了相应的管理策略。

安雪芳（2015）通过对我国煤炭行业的战略风险产生机理和发展趋势进行分析，归纳出我国煤炭企业战略风险的影响因素，并构建了含有宏观环境风险、产业（行业）风险、竞争者风险、市场运营风险、资源风险、能力风险、企业家因素以及战略管理因素 8 个一级风险指标和 21 个二级风险指标，形成煤炭企业战略风险的理论决策模型，并进一步为我国煤炭企业在战略风险应对及控制防范方面提出了切实可行的详细决策方案。

对上述战略风险维度的研究成果进行整理与总结，结果如表2-3所示。

总结上述研究成果不难发现，战略风险维度划分依据不同的理论基础、研究视角，形成了维度各异的战略风险测评体系。这些测度模型对战略风险结果的测度还只是短暂性的，对战略风险随时间、环境的动态变化特征思考不足，前期研究只是从静态视角测度了战略风险的数量特征，在战略风险维度划分上缺乏系统性与全面性。由于战略风险的构成、测度工作都极其复杂，需要考虑的因素也是多方面、多视角的，想要客观及全面地识别企业战略风险的因素及应对措施，构建合理、科学的战略风险测度模型是一项长期、艰巨的任务。本书将依据 Simons（1999）所提出的战略风险维度，对其研究成果进行进一步的补充和完善，形成

表2-3 国内外学者对战略风险维度的划分

作者	年份	维 度
Baird 和 Thomas	1985	宏观环境风险、行业风险、运营风险、战略性问题风险和决策者风险
Miles 和 Snow	1987	创业风险、运营风险和竞争风险
Baird	1994	企业风险和产业风险
Simons	1999	竞争风险、运营风险、资产风险和商誉风险
Clarke 和 Varma	1999	经营风险、类别风险、事件风险和市场风险
Slywotzky 和 Drzik	2005	行业风险、技术风险、品牌风险、消费者风险、竞争者风险、新项目风险及发展停滞风险
刘冀生	2005	合作风险、供应链风险、员工风险、研发风险和沟通风险
祝志明等	2005	市场竞争风险、价值流程运营风险、资源损伤风险和能力短缺风险
Pan 和 Cai	2008	宏观环境因素、行业环境因素、组织内部环境因素、决策者因素、战略因素及自身因素
Frigo	2009	股东价值风险、财务报告风险、治理风险、运营风险、创新风险、品牌风险、合作风险、供应链风险、员工风险、研发风险和沟通风险
商迎秋	2011	战略环境、战略资源、战略能力和运营能力
安雪芳	2015	宏观环境风险、产业（行业）风险、竞争者风险、市场运营风险、资源风险、能力风险、企业家因素和战略管理因素

一个动态的、与时俱进的测度体系，为战略风险的评价作出相应的贡献。

（2）战略风险的测度

战略风险的测度方法也是多种多样的，主要有财务指标法、二维风险评估法、数学模型分析法及问卷调查法等。

①财务指标法。

财务指标法主要有资本资产定价模型（Capital Asset Pricing Model，CAPM）、变化的方法等。

第一，资本资产定价模型是早期战略风险度量使用的传统方法，它主要用来测评一种资产或者资产组合体相对于市场总体的震荡性变化。该方法源于资产组合理论及资本市场理论，具体测量模型为：

$$R_{ij}=\alpha_i+\beta_iR_{mj}+u_{ij}$$

即 t 时期第 i 种资本（股票）收益率的变化为系统风险变化 $\alpha_i+\beta_iR_{mj}$ 与该股票的独特变化 u_{ij} 的加总。若 $\alpha_i=0$，则表明市场处于均衡状态，此时 $R_i-R=\beta_i（R_{mj}-R）+u_i$，该股票的系统风险程度可采用它的资产与市场风险变化程度 R_i-R 与总体风险变化大小 $R_{mj}-R$ 的比值 β_i 来测度。投资者在将投资分散于整个股票市场的前提下，将不承担非系统风险 u_i。因此，CAPM 的风险测度仅能描述出该资产的收益变化，对于如何消除资产的非系统风险没有给出具体的操作方法。

因此，使用 CAPM 测度战略风险具有以下不适用问题：

首先，在研究目的上，企业管理者基于管理视角就如何提出风险防范措施而展开研究；金融财务人员则是出于如何获得大量的财富回报而对风险进行有针对性的资产投资组合。

其次，在研究对象上，战略风险从企业战略规划的大局出发，全面评估企业所处的经营环境；CAPM 则注重如何在股票市场上获得股票投资的最大收益，在环境评估及适用上存在一定的局限性。

最后，在研究主体上，企业管理者注重对企业发展战略有重要影响的市场需求、行业竞争及技术因素所带来的风险（波特，2007）；金融财务人员则重点关注宏观经济环境、产业政策环境变化对股票的阶段走势的影响以及股票市场上各类股票价格的相互作用而可能产生的风险。

因此，从企业战略管理视角来看，CAPM 与战略风险研究的模式差异较大（刘升福，2003）。

第二，变化的方法是指通过研究所选取的变量的协方差、标准差、极差等一些特征变化值，推算出整体的企业风险大小。目前最常用的变量是如 ROA、ROE 等收益类指标。同 CAPM 一样，变化的方法的战略风险测度主要从收益率的变化着手。总结国外的相关研究成果，变化的方法大都体现在资产收益与风险数量的相关研究中。

Thomas（2004）以事业部、企业个体以及产业为单位，收集所选取的特定变量的长期历史统计数据的均值，作为资产收益的参考测度指标，将特定变量的数据整体方差作为风险测量指标来推算资产收益与风险差异的关系。在此方法的基础上，学者 Silhan 和 Thomas（1986）开创了一种新的绝对百分比误差（absolute percentage error，APE）方法。

我国学者潘昷和周雅倩（2015）采用均值方差的方法测度了企业的战略风险，以样本变量的前期数据平均值作为财务绩效评价指标，将变量数据的整体方差特征作为风险测度指标对战略风险进行度量，并实证分析了企业绩效、财务资源与战略风险的关系。

Richard 和 Vijay（1990）同样以收益测量变量为依据，提出可以通过分析收益的历史数据而从多维度视角测评企业风险水平，而变化等特征仍可能存在差异。这种方法所展现的风险构成更接近战略风险的本质定义。

随着时间的推移，这些方法有了一定的改进与完善，但从本质上讲，仍等同于以方差为特征的变化的方法。

与 CAPM 一样，变化的方法同属于财务分析法，具有以下几点不足：

首先，能够正常预测并计算出来的变化，从实质上讲，并不属于不确定性的范畴。因此，此方法可能会扩大风险因素的范围。

其次，严格来讲，只有对企业产生负面影响的不确定性才被称为风险；但现实中风险与收益很少对称分布，以变化而非不确定性来测量风险显然会存在一定的误差。

再次，企业风险的成因有多种，仅使用单一指标对企业战略风险进行测度，存在无法真正体现出企业运营过程中所产生的各种风险的可能性，特别是在资产收益的分布仅反映风险的一个侧面的情境下。

最后，使用历史数据来评价现有风险，具有滞后性及动态变化性。风险总是在不断变化的，这种测度手段无法为企业未来的风险防范提供决策支持。

②二维风险评估法。

Slywotzky和Drzik（2005）从各类风险因素的相对严重程度以及可能发生的概率方面对战略风险进行综合评估，并将风险产生的时间区间及发生概率的变化考虑在内，为企业的战略风险测度及防范进行有针对性的研究。各类风险因素的相对严重程度可用来评价风险对企业经营成果的作用程度，一般可借鉴本行业或相关行业前期发生的类似事件，并结合本企业业务开展模式中各个因素的风险强弱差别，如企业在适应外部环境变化中所展现出来的综合能力的强弱差异。测度风险可能发生的概率，一般可借鉴前期相似风险影响的行业内其他企业的实际案例，如关键顾客价值链和其他外部环境因素的影响与风险发生的概率问题的外部相关数据等。风险产生的时间区间是指估计风险发生的某个时间节点或某个时间段（如产品设计的专利到期、宏观政策及国家法规的修正与完善）。风险评估的概率变化主要来计算实际风险产生的概率相对于原测算的风险发生概率，是基本保持一致还是增大或减小了。

刘冀生（2005）通过分析我国企业的风险现实状况，认为对战略风险的评估一般考虑两个问题：一是风险带来的损失程度；二是风险损失发生的频率。

He和Zhao（2015）对电力企业的内外环境进行系统的研究，建立了新电力改革背景下的战略风险水平评价指标体系，结合风险矩阵法和层次分析法（AHP），从风险因素的影响程度和发生概率方面对电力企业的战略风险水平进行了评价。

③数学模型分析法。

在企业战略风险的定量测度与分析过程中，许多学者常使用一些数学模型，包括模糊综合评价法（FCEM）、灰色关联法（GRA）、层次分析法等。

李汉东（2007）基于战略风险评价的视角，通过对比分析传统的概率风险测评的缺陷，将模糊评价的方法引入到战略风险的评价中来，并给出企业战略风险评价的一般模型，以便准确地反映和把握企业战略风险程度。

巫英和向刚（2012）以创新型企业为例，构建了战略风险的评价指标体系，应用属性测度理论构建了评价模型，并依据云南铜业集团的相关数据进行了佐证。

Rabia等（2013）认为风险评估是企业面临的重要问题，而与战略目标相关的风险评估是一个多属性决策问题，必须使用层次分析法和模糊综合评价法一起测度战略风险的评估问题。层次分析法可以分析风险评估问题的结构和确定权重的标准，模糊综合评价法则可以获得最终的风险优先排序问题。

段万春和李连璋（2016）基于灰色关联法，通过融合功效系数法的风险分析策略及预警管理的研究体系，构建了专门应对企业战略风险的多属性、多方案、连续评价的综合评价及预警方法。但是这些风险评估方法仍以历史数据为样本，大都依据风险发生后的结果来评定风险级别，没有将风险发生概率考虑进来，造成了评估结果与实际结果的差异性。

④问卷调查法。

这是指采用直接与各行业、各领域的高层管理者进行面谈或发放调查问卷形式来计算行业整体的风险程度及特定风险。在风险因素被全面识别的基础上，计算风险因素可能造成的潜在影响程度，最后依据评判标准对风险进行评级。在调查问卷设置中，风险的影响因素一般可被分为以下5个层次：

第一，最关键层次因素，能直接引起企业风险的事件，且这些风险事件会造成企业战略规划及项目运营的失败等。

第二，较严重层次因素，能引起企业风险的事件的发生，一些企业总体经费大幅提升、生产周期加长等负面问题伴随而来，导致项目无法按原计划完成。

第三，很一般层次因素，能引起企业风险事件的发生，企业经费开支有了一定程度的增加，生产周期也被延长一定期限，但未对工程项目造成实质性影响。

第四，较微小层次因素，能引起企业风险事件的发生，企业对战略规划及项目运营的资金预算进行微调，生产周期也有一定程度的延长，但各指标基本上都能达标。

第五，可忽略层次因素，能引起企业风险事件的发生，但对项目运营的资金预算及生产周期几乎不存在什么影响（Álvarez et al.，2016）。

刘建国（2008）在广泛查阅战略风险相关研究文献的基础上，分析总结出了包括5个大类47个小项的战略风险因素测度项目；接着，通过小样本调查访问，最终形成了5个方面42个假设风险因素的总体量表；然后，通过大样本问卷调查，对所得样本的数据进行实证分析，得出了战略风险形成路径及各风险维度的评估得分和综合评级；最后，形成企业战略风险的预警系统。

商迎秋（2011）在风险理论分析的基础上，构建了战略环境、战略资源、战略能力和运营能力的四维度战略风险体系。问卷调查和统计分析方法验证了战略风险各类因素的科学性与真实性，并构建了战略风险的识别体系。

Cooper（2012）通过对一系列关键人物访谈和问卷调查归纳出公共部门的风险管理信息，表明财务、环境、社会和其他战略风险被社区认为是重要的，但不一定作为战略规划过程的一部分加以管理。

Dagonneau 等（2017）利用专家访谈和文献查阅分析政府评估的 12 项公共风险，比较评估了环境、经济和社会影响风险类别的后果。对于环境后果，两种评估来源之间存在合理的一致性；对于社会后果，两种评估表现的不均衡性之间没有一致的趋势。

现有的战略风险度量方法主要存在以下不足：

其一，大都使用单一类型的测度指标，且多为财务类别与金融类别的指标，因此，对于战略风险的战略性质无法全面、客观地反映出来。

其二，度量方法大都具有滞后性，以前期大量的历史序列数据为基准，无法为企业从战略视角进行风险防范与战略实施提供有益的借鉴。

其三，所使用的数据收集量巨大，处理过程繁杂，在现实操作中的实用性较差，无法进行有效推广。

2.1.3　战略风险研究体系

（1）战略风险的前因

国内外有关战略风险前因的研究成果大体上从外部风险因素、组织风险因素及战略风险因素三个层面进行阐释：

①外部风险因素。

这包括宏观环境、产业环境与市场环境风险因素。从表面上看来，政策与企业的具体运营活动关联性不大，但其总会通过其他隐蔽的路径对企业的生产经营活动产生传导作用，严重时甚至可以影响到企业的生死存亡。

Elahi（2013）研究认为，外部快速变化的动态环境、通信技术的变化、多极全球秩序及全球化给企业的生存带来一定的困难，并进一步证实了实施风险管理的必要性。

施淑蓉和李建军（2015）分析了我国企业海外投资所面临的宏观环境问题，从政治风险、文化风险、法律风险及宏观经济风险四个层面对海外投资风险展开测度，认为我国企业进行海外投资的宏观环境风险远大于国内环境风险，并对海外投资的宏观环境风险等级划分及预警系统构建提出了自己的观点。

产业层次环境是指那些能够改变企业竞争优势和优良绩效的具体产业因素，包括企业所在产业的结构形态、发展进程、区位优势与合作水平等。

Cooper和Kleinschmidt（1990）实证分析了市场竞争强度与企业绩效的关系。结果显示，二者之间呈显著正向相关关系。

Maidique和Zirger（2013）的研究也充分说明了行业内具有超群实力的竞争者数目过多或者行业内的不正当竞争活动都是企业经营活动中的潜在风险因素。

Cárdenas等（2013）的研究显示，企业优势与经营绩效存在显著相关关系，纵向及横向发展战略都已成为现代企业获得竞争优势的主要方式。可是大多数合作形式（如价值共创）都较为松散，仅是基于各方的共同利益与目标自由联结在一起，而非依据相关产业的法律、法规等正式制度进行约束。因此，当企业面临不同的利益抉择时，出于理性人的假设，企业都会选择自利行为，导致了在企业合作形式中存有机会主义的潜在风险隐患。

在市场环境中，消费者需求的变化表明消费者内在审美观念变化以及消费层次升级，企业目前投放市场的产品功能价值逐渐丧失。

Desrochers 和 Outreville（2013）通过实证研究发现，对消费者需求理解的准确性与及时性能够显著影响企业的经营成功与失败。

Bish 和 Chen（2016）的研究表明，企业的产品设计能否满足顾客需求及使用条件的改变、产品生命周期与顾客消费偏好改变的匹配程度等都能显著影响企业的运营风险。因此，企业要重视消费者多元化及个性化的需求。

②组织风险因素。

企业的组织风险因素包括资源能力风险因素、运营风险因素等。

商迎秋（2011）认为包括企业家在内的人力资源是企业宝贵的资产，企业家既是战略决策者又是运营管理者，企业家资源对企业战略趋势的规划与制定起着关键性效能，企业持续经营、战略投资、产品创新等活动都需要人力资本与财务资源的大力支持。一些学者从监督与控制的角度研究了企业如何利用自身资源和条件有效地规避战略风险。

此外，企业战略层次的核心人才也在一定程度上影响了企业的战略执行与风险控制行为。

Elsobki（1997）的研究表明，企业财务资源充足与否对战略实施成败有显著影响。

同样，Pidun 和 Krühler（2011）通过实证得出，企业财务资源的利用效率高低与高管人员所感知的风险程度呈显著负相关关系。

一些学者从监督与控制的角度研究了企业如何利用自身资源和条件有效地规避战略风险。

Faramak 等（2012）指出在企业运营过程中一定要有强有力的财务控制与监督，以最大限度地降低风险发生的概率。

Cárdenas 等（2013）通过实证表明，当企业经营中出现财务资源不能抵付流动负债金额、营业收入不能抵付经营活动所产生的成本与费用、当期现金流量不能抵付优先股息等当下应偿债务时，上述每一种情况都可以使企业产生经营问题与危机，严重情况下会出现破产清算的局面。因此，他建议企业要严格监控资产经营中的财务状况，以防止风险的发生。

在运营风险因素上，我们主要从企业的资源获取渠道、转化技能与价值实现功能三个层面考虑。企业运营能力的强弱是战略规划实施好坏的重要体现。运营能力能引发风险，主要是由于企业的能力需求不能匹配战略规划的实施要求，不匹配的主要表现可以从能力获取缺口、转化技能损伤及价值实现刚性三个方面来考查。而物料的采购是企业资源获取渠道的主要体现，一个企业的采购管理能力强弱与生产运营的稳定性、产品质量的优良性及生产成本的高低有着直接的关联。若企业的采购能力不能与生产需求相匹配，无法满足生产正常运转所需要的物料，造成产品生产供应不足，则会间接导致市场份额下降，顾客需求转移，进而会影响企业战略目标的实现，产生战略风险。采购任务完成后，需要对产品进行生产管理，此时设计合理的人力资源开发过程与提升技能是企业新产品开发中的必备要素，因为产品开发是一项集顾客需求信息捕捉、信息筛选、生产设计及优化工艺、提升技术的复杂工程，这需要企业具备较强的资源转化技能与价值实现功能。

Daley 等（2006）指出，设计能力、项目管理能力及整合能力是产品开发的关键要素，而这些能力的使用及提升需要专业的人力资本进行有效操作。

Ritala 等（2008）认为，成本的控制问题也是风险产生的源头之一，企业生产过程中的物料配置不合理、流程路线不最优、库存原料过多、人工成本快速增长，都会增加企业生产运营成本和费用，影响企业生产运营的正常流程，降低企业的竞争优势。

③战略风险因素。

战略风险因素一般从企业的战略决策与实施能力两个层面来考察。在战略决策过程中，战略领导者的信息认知体系是战略领导者作出科学、合理决策的依据。在信息认知体系过程中，信息搜集的广泛度和灵敏度、信息筛选及加工的准确度都会左右战略决策者的决策过程及行为方式。企业经营环境的复杂性和动态变化性，导致战略决策者在认知体系上存在一定的偏差，且它会贯穿于战略决策者的信息感知、信息处理及决策产生，付诸行动整个过程中，并居于核心地位（张谊浩和陈柳钦，2004）。

战略决策的制定除了受到战略决策情境及信息阅读量的作用外，战略决策者的心智模式也是重要的作用因素之一。不合理的心智模式会使决策者对所掌握的信息进行错误的加工处理，对企业所处的环境状况产生错误的判断，最终造成企业战略决策的重大失误，引起战略风险的发生。而战略决策能力影响着企业与环境建立对话的能力。由于环境的不确定性、信息掌握的不对称及组织自身因素的影响，战略决策可能存在偏离客观实际的情形，导致战略失败而产生战略风险。战略决策失败的表现形式包括愿景陈述不够清晰，无法为企业未来发展指明方向，可能会使企业高管人员形成消极、悲观的应对心理，产生经营风险。

Wu等（2008）指出，企业失败最终的原因是缺乏业务使命感及愿景不清晰，战略实施失误及经营不善。一个企业如果经营宗旨比较含糊，那么它的战略目标也必然不够清晰。

战略目标是企业在其战略愿景及使命的指引下，通过战略规划、实施等具体活动所实现的预期成果。

Drucker（1999）认为，企业的战略目标主要可以从资源获取能力、生产效率、社会责任及物质资源等方面进行衡量。

Bayes（2002）将战略目标定义为企业的盈利能力、良好的服务质量、满足员工的利益诉求、社会责任。

Thomson（2007）指出当组织的长期业务目标及愿景不能有效分解为各个细微业绩目标时，企业的战略目标及愿景则会落空，引起战略风险。战略定位则是要明确企业的发展方向问题，如"业务主要有哪些""我们的市场主要在哪里"。可以说，企业的战略定位决定了其经营范围，以及未来以何种行业、何种技术生存的问题。企业通过战略在目标市场上的准确定位，找出与行业其他竞争者相比较的优劣势，并在合理整合企业资源及能力的基础上，制定自己可持续发展的具体方向及途径。一个企业的战略定位不够准确，资源配置效率低下，这会对战略目标的实现产生一定的影响。同理，战略实施中若出现信息沟通不畅、合作及协调性差或者战略防控体系不完善等情况，也会降低战略实施的准确性，导致企业的战略风险产生。

战略风险的影响前因汇总如表2-4所示。

（2）战略风险的防范

当前学者对如何控制与防范战略风险的研究成果较少。通过对国内外研究成果的总结概括，主要有以下几个方面：

①流程管理。

Clarke和Varma（1999）在研究中得出集成的风险流程管理方法使公司能够在主动管理风险的同时始终如一地提供卓越的性能。其创建的战略风险流程管理包括以下6个步骤：

第一，设定目标方向。本步骤着重了解公司及其利益相关者的风险问题，并确定风险的主要领域，如经营、企业、事件和市场风险。主要目标是确定和整合企业所面临的风险以及管理层和利益相关者认为的风险问题。

第二，底线和基准。企业团队评估风险和回报以及投资者和其他利益相关者的偏好，量化主要的风险因素和优先事项，分析风险驱动因素。对于一些风险，如金融市场风险、安全或技术风险，量化往往需要作出假设。

表2-4 战略风险的影响前因总结

风险因素	具体层面	主要观点	代表人物
外部风险因素	宏观环境风险因素	外部环境变化的动态性及经济全球化带来的政治、文化、法律风险及宏观经济政策等波动都会引起战略风险	Elahi（2013）；施淑蓉和李建军（2015）
	产业环境风险因素	产业的结构形态、发展进程、区位优势与合作水平等都会造成企业竞争优势丧失	Maidique 和 Zirger（2013）；Cárdenas 等（2013）
	市场环境风险因素	消费者需求的变化表明消费者内在审美观念变化以及消费层次升级、企业目前投放市场的产品功能价值逐渐丧失	Desrochers 和 Outreville（2013）；Bish 和 Chen（2016）
组织风险因素	资源能力风险因素	包括企业家在内的人力资源、企业财务资源及监督控制水平高低都能使企业产生经营问题与危机	商迎秋（2011）；Pidun 和 Krühler（2011）；Cárdenas 等（2013）
	运营风险因素	企业的资源获取渠道、转化技能与价值实现功能强弱是企业战略规划好坏的重要体现	Daley 等（2006）；Ritala 等（2008）
战略风险因素	战略决策风险因素	企业战略领导者的信息认知体系偏差、企业业务使命感及愿景不清晰、战略实施失误及经营不善会产生经营风险	张谊浩和陈柳钦（2004）；Wu 等（2008）
	战略实施风险因素	战略定位不够准确、战略实施中信息沟通不畅、合作及协调性差或者战略防控体系不完善等，都会降低战略实施的准确性，导致战略风险发生	Drucker（1999）；Bayes（2002）；Thomson（2007）

第三，创造愿景。这是指建立风险管理愿景，包括测量、管理和监测风险3个关键组成部分。管理层可以制定适当的战略，如与投资者、供应商和客户共同分担风险和回报，以及减少持股比例；也可以专注于核心业务，通过一系列业务和地域分散企业的风险。

第四，设计流程改进。改进选项包括设计流程和记录策略，以及更严格的流程管理和并行处理。

第五，实施变革。这一步至关重要，成功实施是确保任何风险管理方案长期成功的关键，可以从人员管理和流程控制两个领域中获得成功。

第六，嵌入持续改进。风险管理是一个过程，不是重复单一目标，必须不断强化合规监督意识、结果按计划衡量、风险审查程序制度化、跟踪最佳实践流程和程序更新，并根据市场预期进行测量。

②管理措施。

刘冀生（2005）基于我国企业的风险特征，从内外两个层次提出了战略风险的管理措施：

第一，可以建立良好的治理环境，为战略风险管理营造良好的氛围；

第二，可以成立专门的风险管理部门，为风险管理的实施提供组织保障；

第三，完善企业的战略风险管理目标设置；

第四，开发战略风险因素的甄别系统、风险严重程度评估系统以及构建风险防范控制体系；

第五，构建科学适用的战略风险决策流程及强有力的企业内部控制体系；

第六，重新设计扁平式组织结构，形成高层管理人员发起、中层管理人员参与、基层员工落实的全员风险管理氛围；

第七，重点完善企业内部审计监督制度，加强相关审计流程的合理性及严谨性；

第八，增强企业全员的战略风险防范及管理的意识及理念。

③柔性管控。

叶建木和邓明然（2006）创建了规避战略决策风险的复合期权法。从企业战略决策的本质上看，它是在综合考虑多种可能结果的条件下，选取一种机会成本最小、企业经营风险规避最优的战略方案。一般来讲，战略风险主要是由发生时间、扩展方向及成本三个维度相互影响、相互作用的结果，因此，需要采取柔性控制对战略风险的三个维度进行管控与防范。在风险防范思想上，柔性管控与期权法异曲同工。期权法是企业为了在将来某一时点或时间区间内获得相应的投资权限，而在前期花费一定的成本与费用。其本质是在环境动态变化的影响下，对期权进行柔性置权，采用柔性经营方式进行定价。而企业在发展中会面临多个机会，这可以看成是期权的组合。期权有的能被识别，也有的不能被识别，企业的战略规划及实施过程一定要对比分析现实期权与未来期权的执行结果差异。

在战略期权被明确选择后，我们能够采用 Black 和 Scholes（1973）所构建的二项式定价模型对战略期权展开辅助决策，以实现基于柔性管控的视角对战略风险进行合理防范与控制。

④风险控制系统。

王翔等（2007）构建了基于平衡记分卡的战略控制体系，主要是为了降低企业的不确定性，进一步在战略地图理论基础上构建企业战略交互控制系统，然后通过对这两大类系统再次进行整合，最终得到一个复合型的战略管控系统。

李杰群等（2010）分析了我国企业海外投资战略风险决策系统，指出应从战略风险的评价系统、应对系统及监督系统三个层面对战略风险进行严格把控。虽然这三种系统所起的作用各异，但三种系统之间可以相互配合，形成合力，构成战略风险的动态控制体系。

Elena和Richard（2013）基于层次分析法的模型来模拟战略风险决策在航空运输系统的创新应用，并从收益控制系统、成本控制系统及风险控制系统三个方面对风险进行检测，以解决子模型之间以及集群内的复杂交互作用所产生的风险。

综上可知，鉴于战略风险的研究时间较短，理论成果缺乏系统性与广泛性，大都是探究战略风险的定义、构成要素、防范对策的某一方面，对风险之间的关联性及风险防范的基础认识不够深入。总体来讲，在研究体系及框架内容上仍需要完善的地方具体表现在：

其一，战略风险的概念界定、构成要素及测度方法等基本来源于经济学领域（如金融），但战略风险有着自己独特的风险特征，其要素构成不同于其他风险（金融风险及声誉风险），所以采用上述方法对战略风险进行研究的结果差强人意。

其二，战略风险的构成大都来源于有限范围的实证检验结果，缺乏应用的广泛性及理论性支撑。当下战略风险相关研究的风险因素识别、风险体系构成、风险传导机理等以及风险控制体系等核心内容的探讨仍未形成统一认识，一些模型无法反映出企业风险的真实面貌。

其三，在战略风险因素的识别上，已有学者从消费者与外部环境规制视角初步探讨了个别利益相关者与战略风险的关系，但这些研究不能全面体现出企业对来自利益相关者的压力或者社会责任需求作出的回应与企业战略风险的关系。因此，揭示企业履行对利益相关者的社会责任影响战略风险发生的机理，能进一步拓展对战略风险的前因问题研究。

其四，虽有学者认为领导者的信息储备与心智模式会对企业伦理决策产生影响，但缺乏相关的实证研究，且企业的领导者的伦理道德水平、伦理决策是否会对战略风险产生影响，以及领导者的伦理决策是否会在 CSR 与战略风险的关系中起到调节作用等，仍需进一步探索。

2.2　企业社会责任研究综述

2.2.1　企业社会责任的内涵

近年来，企业社会责任引起了人们越来越多的关注，对各行业的企业来说，履行 CSR 都具有战略意义。

首先对社会责任进行阐述的是美国学者 Bowen，其在 1953 年出版的《商人的社会责任》一书被认为是系统研究企业社会责任的初始著作。在此书中，他明确指出企业的社会责任倡导根植于提升公众利益的最佳利益之中，企业在寻求自身利益的同时要积极关注社会价值及目标的实现，并通过自身决策及具体行为付诸行动，在当时形成了企业社会责任的概念内涵。Bowen 对企业与社会关系评估的初步研究，成为对企业社会责任定义的最初探讨（Carroll，1999）。

对企业社会责任概念的研究在 20 世纪 60 年代有了显著进步。

Davis（1960）从权利与义务对等的视角出发，指出企业履行社会责任必须拥有同样的社会权利，若一个企业不愿践行社会责任，则会导致其社会权利逐步缩小，减少其社会影响力。

Frederick（1960）指出，企业资源的效能应扩展到满足社会中的其他群体的广泛目标。从商业实践的角度来看，福特、通用等美国汽车行业的领军企业都成为企业社会责任概念倡导的先驱者（Hanson，2011）。为了解决 20 世纪 60 年代的核心城市失业问题，亨利·福特二世和全国商人联盟总裁林登·约翰逊在美国几十个城市免费创建与工人工作相关的培训活动。

而20世纪60年代所开展的诸如消费者保护以及维护妇女权利、公民权利和环境安全的社会运动，成为制定和实施企业社会责任观的动态驱动力（Carroll & Shabana，2010）。

虽然社会责任在当时有了一定的影响力及号召力，仍有一些学者并不认可社会责任。

Hayes（1960）就认为企业社会责任会稀释企业的主要目的，引导企业进行无关的业务，偏离了企业的正确目标（Carroll & Shabana，2010）。

诺贝尔经济学奖获得者Friedman（1970）也曾指出，企业管理者应该最大限度地满足股东的价值利益需求，而不应积极履行不能直接带来经济效应的企业社会责任。他认为企业社会责任能破坏社会的信仰，是一种能彻底毁坏社会自由的信仰。

此外，Hayes和Walker（2005）认为公司没有责任发展社区，不应当以社会理由来判断企业的好坏。

企业社会责任的内涵在20世纪70年代变得更加具体化（Carroll，1999；Lee，2008）。

Carroll和Shabana（2010）的研究表明，关于企业社会责任概念的争论主要集中在"企业社会责任、反应能力和绩效"上。

美国经济发展委员会（CED）提出通过重塑企业社会责任争论的出版物来评估与社会责任相关的问题。美国经济发展委员会的贡献在于阐明了责任更广泛的企业与社会之间关系的重大变化，也反映了从业者从新的视角来处理企业与社会之间的关系，这成为20世纪70年代企业社会责任建设的里程碑（Lee，2008）。

因此，企业社会绩效（CSP）和企业社会责任的焦点事项引发了企业行为、企业公民、公共责任、企业社会义务和社会责任之间的争论。在这一阶段，仍存有很多反对履行企业社会责任的观点及行为。

使用新古典主义方法研究企业社会责任是由Friedman

（1970）提出来的，他遵循自由市场的古典经济学说而反对企业社会责任的理念（Carroll & Shabana，2010；Davis，1973；Lee，2008）。Friedman（1970）在《纽约时报》上发表了一篇题为《商业的社会责任是否增加利润》的文章，认为商人不必解决任何社会问题，而应专注于为股东增加利润这个唯一责任。自由市场解决不了的社会问题，应由立法和政府来负责。这篇文章反映了Friedman（1970）的自我利益的经济原则是资本主义社会经济根本驱动力的哲学观点。

Davis（1973）主张降低企业对外部社会制度的决策影响力，在实现传统经济收益的同时实现社会效益是企业的义务。他进一步指出，有能力的领导者应掌握财务和操作技能，而不是社会技能，因为企业没有动力去处理社会活动。企业不应通过履行企业社会责任来获得任何社会力量，因为企业已经有足够的执行力。后来，Davis（2007）认为拥有管理人才、经验和资本的企业应得到解决社会问题的机会。这一论点有利于企业社会责任履行，超越了狭隘的经济和技术设备的观点。

对企业社会责任的认识与理解是一个不断演进的过程，Carroll（1979）在20世纪70年代对企业社会责任的概念作出了最重要和最有意义的贡献。他创造了一个包含经济、法律、道德和自由裁量的企业社会绩效概念模型，并在1991年对其所提出的企业社会责任模型进行了进一步的修正与完善，用慈善责任替代了自由裁量责任，即著名的企业社会责任金字塔模型：

其一，企业的经济责任是其本质体现。从本质上讲，企业是一个经济组织，经济责任是首要的，其余的责任都是以经济责任为基础的。

其二，企业为了获得合法性及权力性须依法经营，法律、法规是企业正常运营的制度条件。

其三，企业在遵守法律的同时，也应该考虑社会的规范及伦理道德。

其四，企业应该加强自律，自愿地去实施社会责任。它表示企业在法律的限制下，在伦理道德的规范下，自愿承担没有明确标注的其他责任。

Carroll（1979）认为，此模型分析了各层责任的原因及范围，解释了各维度之间的逻辑关系，进一步指出经济责任与社会责任是不矛盾、不背离的，慈善、自愿性的活动更能体现企业的伦理道德水平。因此，此模型有效地推进企业社会责任的维度测量及评价研究。

此后，一些学者、组织结合社会责任实践与理论政策，对Carroll（1979，1999）构建的企业社会责任金字塔模型进行了融合，提出了企业社会责任的整合性定义。

世界可持续发展工商理事会（WBCSD）于2000年指出企业社会责任是企业持续遵守承诺、符合道德伦理要求、为经济发展作贡献、致力于改善员工及其家庭及社区和社会整体生活质量的责任。

Jamali（2007）提出了"3+2"社会责任模型，认为企业责任行为应该包括强制性行为（经济、法律与道德责任行为）和自愿性行为（自由裁量的慈善、策略性行为）。

Baden（2016）认为随着时代的发展，Carroll（1999）的企业社会责任金字塔模型需要持续更新，并及时反映企业在社会权力方面的增强。他通过调查取证，发现受访者对企业责任的相对重要性与Carroll（1999）的概念有很大的不同。他基于概念的争论和实证研究，修订了企业社会责任的排序，依次为伦理、法律、经济和慈善责任。

21世纪以来，随着利益相关者理论的持续发展与完善，越来越多的学者、组织开始从综合视角来认识企业社会责任。利益相关者是指那些能够影响企业目标实现的个人及组织，不仅包括股东、员工、供应商、竞争者、消费者，还包括媒体、环保及政府部门等非营利性组织。利益相关者对社会责任意识强烈的企业反响积极，引起共鸣，不仅体现在消费领域，还包括雇员满意和股东投资方面（Sen et al., 2006）。

2010年国际标准化组织基于全球化与可持续发展视角宣布了《社会责任指南》（ISO 26000：2010），其定义社会责任为"组织通过道德和透明行为，为其决策和活动对社会和环境的影响而承担的责任"，并从组织治理、人权保护、环境治理、劳工实践、公平运营、消费者权益及社会社区建设参与七个主题，详细阐述了企业与各方利益相关者关系的协调与统一。ISO 26000基于综合利益相关者视角提出的社会责任概念为本书的后续研究提供了概念基础。

我国学者对企业社会责任的内涵也存在不同意见。

郑孟状和潘霞蓉（2003）认为企业社会责任和股东利益是相对立的，企业社会责任是企业在追逐股东利润最大化之外所应担当的维护和增进社会公共利益的义务。

喻勤娅和吴勇敏（2004）指出，企业社会责任是指公司不能仅仅将最大限度地为股东营利作为自己唯一存在的目的，而应当最大限度地增进除股东利益之外的其他所有社会利益。这种观点将股东与股东之外的社会利益等统一起来，认为股东也是企业管理者的工作对象之一。

金立印（2006）进一步探讨了企业对内外部利益相关者的责任，认为企业在创造利润、对股东利益负责的基础上，还应考虑承担对消费者、员工、社区及自然环境等的社会责任，主要包括合法经营、捐助社会公益、保护弱势群体等。

崔丽（2013）重点强调了企业在创造利润的同时要守法经营，在对股东利益负责的同时应承担增进利益相关者利益和社会公共利益的责任。

刘凤军等（2015）的研究指出，在社会责任的持续性及对利益相关者的关注度方面，企业的资源投入与时间花费必须保持一贯性与持久性。

可以看出，国内外学者在社会责任概念的多维度方面已达成共识，对社会责任的承担也从被动接受到主动履行，社会责任的概念在国内外学者的不断努力下，在发展中逐步丰富与完善。根据国内外大量有关 CSR 概念研究的权威性成果，本书作出相应的归纳与总结，如表2-5所示。

表2-5 　　　　　　　　　　　CSR 的主要定义

作者/机构	年份	定义的主要内容
Bowen	1953	商人的社会责任：商人有义务根据社会目标和社会价值的期望来制定政策、作出决策或采取措施
Davis	1960	社会责任：企业至少部分出于直接经济利益和技术利益之外的原因而作出决策和采取措施
Carroll	1979	企业社会责任包括社会在某一时点上对组织的经济、法律、伦理和慈善期望
Elkington	1998	三重底线理论：企业要考虑经济、社会和环境三重底线，既要拥有确保企业生存的财务实力，同时必须关注环境保护和社会公正
Griffin	1999	企业社会责任是指组织为了保护和改善所在社会而必须善尽的义务
Baker	2003	企业社会责任是指企业如何管理业务流程，从而对社会产生全面的正面影响
Mcelhaney	2009	企业社会责任是一项整合核心业务目标和核心竞争力的企业战略，并从一开始就在日常的企业文化和运营过程中设计创造商业价值和积极的社会变革
Aguinis	2011	考虑到利益相关者期望与经济、社会和环境绩效三重底线的组织行动和政策
Leventhal	2015	企业社会责任是组织对社会责任认同和社会责任行为的结合，旨在促进某些社会利益

作者/机构	年份	定义的主要内容
郑孟状和潘霞蓉	2003	企业社会责任是指企业在追逐股东利润最大化之外所应担当的维护和增进社会公共利益的义务
喻勤娅和吴勇敏	2004	企业社会责任是指公司不能仅仅将最大限度地为股东营利作为自己唯一存在的目的，而应当最大限度地增进除股东利益之外的其他所有社会利益
魏杰	2006	企业社会责任是法定的、企业必须承担的责任，包括为政府提供税收、为社会提供就业机会、为市场提供产品或服务
金立印	2006	企业社会责任是指企业在创造利润、对股东利益负责的同时，还要承担对员工、消费者、社区和自然环境的社会责任，主要包括遵守商业道德、生产安全、职业健康、保护劳动者的合法权益、保护环境、支持慈善事业、捐助社会公益、保护弱势群体等活动
崔丽	2013	企业社会责任是指企业在依法经营、积极创造利润，对股东承担责任的同时，应承担增进利益相关者利益和社会公共利益的责任
刘凤军等	2015	在社会责任的持续性及对利益相关者的关注度方面，企业的资源投入与时间花费必须保持一贯性与持久性
美国经济发展委员会	1971	三个同心圆定义：内圈责任、中圈责任、外圈责任
世界可持续发展工商理事会	2000	企业社会责任是指企业采取合乎道德的行为，在推进经济发展的同时，提高员工及家属、所在社区以及广义社会的生活质量
ISO 26000	2010	企业社会责任是指企业对运营的社会和环境影响采取负责任的行为，即行为要符合社会利益和可持续发展要求；以道德行为为基础；遵守法律和政府间契约；全面融入企业的各项活动
欧盟	2011	企业社会责任是指企业在自愿的基础上，把社会和环境的影响整合到企业运营以及与利益相关者的互动过程中

2.2.2　企业社会责任的维度与测量

（1）企业社会责任的维度划分

Carroll（1979）将企业社会责任划分为经济责任、法律责任、伦理责任和自由决定责任4个层次，共包含6个维度：用户至上主义、环境保护、种族歧视、产品安全、职业安全和股东。他同时指出，企业在承担相关责任时，应从下至上逐层推进，类似金字塔一样。Carroll对企业社会责任的多层次、多维度划分奠定了后来企业社会责任测量及相关研究的理论基础。进一步地，Carroll在2000年提出企业社会责任可以从内部和外部社会责任两个层面展开研究。其中，内部社会责任由提供顾客满意的产品或服务、企业内部人员的职业发展及企业的可持续发展、财富利润的创造构成；外部社会责任主要是指维护安定有序的社会环境。

Gallo（2004）使用问卷访谈的方法对家族企业的社会责任进行了考察，验证了内外部CSR的维度。

Marín等（2012）根据经济、法律、伦理与自由裁量责任4个维度18项管理实践陈述，对西班牙的144家企业履行社会责任的表现展开评估，结果表明此评价体系对提升竞争优势有积极影响。

Brusseau（2016）认为企业有追求利润的使命，但也要通过社会责任实现社会利益的最大化；企业社会责任囊括经济责任、法律责任、道德责任、人道主义责任4个不同方面。

随着全球一体化进程的加速，环境资源的破坏、贫困差距的进一步扩大等影响可持续发展的问题逐步成为国际社会研究的热点。

Elkington（1998）依据经济、社会和环境3个方面发展的可持续性，提出了可以从经济、社会与环境3个层面对社会责任进行衡量的三重底线理论：在经济层面，产生的足够现金流能够创造持久的利润回报；在环境层面，保护社会的环境资源；在社会层面，支持当前和未来几代人的创造能力和技术能力，以促进健康和支持公平、公正的社会氛围。

Carter 和 Rogers（2008）也认为三重底线活动的相互作用不仅积极影响了自然环境和社会，而且能够有效保持企业经济效益及竞争优势。

我国学者黄群慧等（2009）通过对三重底线模型的改进，提出了以责任管理为核心、以市场责任为基础、以社会责任与环境责任为两翼的"四位一体"社会责任评价模型。

Park 和 Kim（2016）通过对美国 723 个消费者面板数据样本进行统计分析，发现三重底线模型能够有效衡量以顾客为中心的可持续发展，并进一步探讨了三重底线模型对快速时尚品牌及可持续时尚品牌的关系，结果表明三重底线模型是解释消费者的时尚品牌可持续发展观念的一个有效工具，而且对快速时尚品牌及可持续时尚品牌的影响各有差异。

同时，一些国际组织纷纷呼吁企业在追求经济利益的同时要关注环境保护、资源节约、消除贫困等问题，并基于可持续发展视角提出了用于测评企业履行社会责任的评价体系。

国际化标准组织在 2010 年制定了 ISO 26000，它根据组织管理、人权、劳动实践、环境、公平的运营规则、消费者问题、社区参与和发展 7 个维度 39 个问题对企业的社会责任评价进行了规范性指导与应用。

齐丽云和魏婷婷（2013）深入研究 G3 与 ISO 26000 所阐述的研究主题，在我国企业情境下构建了含有责任治理、促进经济发展、保障人权、劳动实践、环境保护、公平运营、消费者责任和社区发展责任的八维度测量体系，并结合交通运输行业的数据，用结构方程模型验证了其适用性和科学性。

全球报告倡议组织于 2013 年发布了《可持续发展报告指南》，认为社会责任评价体系应涵盖经济、环境和社会 3 个方面的指标体系，其中，经济方面包括 4 个二级指标、9 个三级指标，环境方面包括 12 个二级指标、34 个三级指标，社会方面包括劳工实践和体面工作、人权、社会、产品责任 4 个子类共 48 个具体指标。

Woo 和 Jin（2016）基于《可持续发展报告指南》的社会责任评价标准，构建了包括人权、劳工、社会、环境、产品与经济责任六维度的服装业 CSR 评价体系。

中国社科院企业社会研究中心构建了责任管理、市场责任、社会责任、环境责任的四维度评价体系，用于国企、民企、外企及电力、家电、房地产等 16 个重点行业的社会责任系统研究。

除了上述一些非政府组织对社会责任关注度提升，社会公众对社会责任的敏感度与认可度也与日俱增，而利益相关者理论、企业公民理论等更宽泛、更包容理论的融入，使得社会责任的内涵与外延逐渐扩展，一些学者开始从利益相关者理论角度对社会责任进行了维度划分。

Donaldson 和 Preston（1995）基于利益相关者理论，构建了包括股东、员工、消费者、政府和社区责任的五层面评价模型。

金立印（2006）依据我国国情，开发出含有保护消费者权益、环境治理、经济发展、回馈社会、支持教育及文化传承等社会公益事业的五维度量表。

李海芹和张子刚（2010）在利益相关者理论的指导下，开发出了包括经济责任、环境责任、消费者责任、员工责任、慈善责任和法律责任的六维度量表。

田虹和姜雨峰（2014）从利益相关者视角建立了五维度的评价体系，具体为对政府、社会/社区、消费者、投资者、员工的责任，在运用 AHP 和模糊综合评价法的条件下实证分析了评价体系的有效结果。

此外，还有一些学者从自身研究出发，对社会责任进行了维度划分。

刘凤军等（2015）从社会责任承诺、水平、时间选择、关联度四个层面衡量了社会责任与消费者抵制的作用机理。

Park和Kim（2016）从辩证的视角出发，在企业履行社会责任是否损害社会大众的利益的前提下，构建积极与消极的社会责任两个测量维度。若企业能在承担社会责任的同时有效利用能源、保护环境等，则认为是积极的社会责任行为；反之，则认为是消极的社会责任行为。

综上所述，通过归纳整理，国内外学者、组织关于CSR的维度划分如表2-6所示。

表2-6　　　　国内外学者与组织对CSR维度的划分

作者	年份	维　度
Carroll	1979	四层次：经济责任、法律责任、伦理责任和自由决定责任
		六维度：用户至上主义、环境保护、种族歧视、产品安全、职业安全和股东
Donaldson和Preston	1995	五维度：股东、员工、消费者、政府和社区责任
Elkington	1998	三维度：经济、社会与环境责任
Carroll	2000	两维度：内部社会责任和外部社会责任。内部社会责任包括提供顾客满意的产品或服务、创造经济财富、企业内部人员的职业发展和企业的可持续发展；外部社会责任体现在维护社会良好秩序方面的努力
Garriga	2004	四维度：工具/财富、政治/社会、一体化与道德责任
Marín等	2012	四维度：经济、法律、伦理与自由裁量责任

作者	年份	维 度
Woo 和 Jin	2016	六维度：人权、劳工、社会、环境、产品和经济责任
Brusseau	2016	四维度：经济责任、法律责任、道德责任、人道主义责任
金立印	2006	五维度：保护消费者权益、环境治理、经济发展、回馈社会、支持教育及文化传承等社会公益事业
李海芹和张子刚	2010	六维度：经济责任、环境责任、消费者责任、员工责任、慈善责任和法律责任
买生	2012	四维度：社会责任、市场责任、环境责任和科学发展
齐丽云和魏婷婷	2013	八维度：责任治理、促进经济发展、保障人权、劳动实践、环境保护、公平运营、消费者责任和社区发展责任
田虹和姜雨峰	2014	五维度：对政府、社会/社区、消费者、投资者、员工的责任
刘凤军等	2015	四维度：社会责任承诺、水平、时间选择、关联度
Domini社会指数	1990	七维度：员工关系、产品质量与安全、社区关系、环境、企业治理、多样性、人权
商道纵横	2005	五维度：对股东的责任、对员工的责任、对消费者的责任、对社区的责任、对环境的责任
ISO 26000	2010	七维度：组织管理、人权、劳动实践、环境、公平的运营规则、消费者问题、社区参与和发展
中国社科院	2010	四维度：责任管理、市场责任、社会责任、环境责任
《可持续发展报告指南》G4版	2013	三维度：经济、环境、社会。其中，社会进一步划分为四个方面：劳动实践和体面工作、人权、社会、产品责任

（2）企业社会责任的测量

随着企业社会责任理论建构和实证分析研究的不断深入和完善，国内外学者对企业社会责任测量作了许多有意义的探究，并取得了丰富的成果。总结看来，学者们对企业社会责任测量主要使用了内容分析法、数据库指标法、问卷调查法及包括元分析法在内的其他方法。

①内容分析法。

此方法是原 Ernst & Ernst 会计师事务所的合伙人 Beresford 于1973年所创立的，在后续的研究中他进行了三次修改与完善，形成了目前内容分析法的测量体系。内容分析法是指依据企业在其发布的社会责任报告或文件中的信息内容，按照披露的社会责任的投资金额或社会责任活动描述的字数、篇幅等一系列指标来测量企业的社会责任履行水平。鉴于内容分析法的重要意义，许多学者都已使用其进行了社会责任的相关研究。

Anderson 和 Frankle（1980）通过对比分析《财富》500强企业中的自愿性披露社会责任及未披露的公司风险投资组合效率，结果认为社会性披露具有信息内容的特性，企业市场与之呈正相关关系。

Smith 等（2005）使用内容分析法分析了挪威、丹麦、美国企业的社会责任年度报告，揭示出了国家间社会信息披露的差异，并使用利益相关者理论对企业社会责任披露的国际差异给予了解释。

沈洪涛（2010）在对行业协会组织和专家、咨询机构以及执业会计师三类社会责任鉴证机构所开展的鉴证质量的对比分析中，发现各机构所使用的鉴证标准、鉴证工作程序以及发表的鉴证意见和报告等均存在较大差异，且报告内容尚未达到提高企业社会责任可信度和有用性的目的。

张继勋等（2016）从企业披露的负面信息入手，通过对比分析仅披露负面信息而不作任何解释、披露负面信息而且进行陈述事实解释以及披露负面信息而且进行积极语言解释三种社会责任信息披露形式，对投资者的投资意愿判断的影响作出了分析与实证检验。

由上述研究成果可知，内容分析法具有以下优点：采用一定的指标对企业的社会责任进行评判，结果比较客观；可用于大样本分析。

当然，该方法还存在一些缺点：

首先，批判的标准及指标内容较简略。

其次，这些信息是企业对自己的描述，公众对其真实性无从考究。

最后，由于企业社会责任报告的信息往往分布于各种报告等文件中，信息筛选的时间成本较高。

②数据库指标法。

在对社会责任的测量上，国内外许多机构都构建了社会责任测量数据库，以供广大学者及企业管理人员使用。

Ilinitch等（1998）根据组织系统、利益相关者关系、环境影响、合规合法性及公众视角5个维度17个测量题项对社会责任展开了测评，而其数据主要源于IRRC数据库。虽然该研究是依据企业的客观数据进行的，但没有详细说明数据的评分标准及信度检验。

Lee等（2013）探讨社会责任对作为利益相关者关系管理平台的社会媒体有效性的影响，社会责任量表的测评数据源自KLD数据库。KLD指数主要从企业与社区、员工、环境保护、产品质量、女性与少数民族同等待遇、军队契约、核力量、南非事务参与8个维度上的表现进行评估，分别赋分。可以看出，由第三方的独立机构进行评估的KLD数据库指标信息来源广泛，客观的评价标准和评价工具使得测量内容保持了一致性与客观性。

此外，财富声誉评级也是目前 CSR 评价经常使用的方法之一。Thomas（1994）使用声誉评级法论证了管理特征与企业社会绩效之间的关系，开发并测试了高层管理者的属性和不同层次的社会绩效之间的关系。《财富》杂志的管理人员通过学者、专家对"公司财务稳健性、长期投资的测评价值、资产的使用效率、业务管理质量、技术创新程度、产品与服务质量、人才培养及使用、社区与环境责任"8 项声誉指标从低到高按 0 至 10 的分值进行评价，列出了各个行业的排名前十企业名单。

随着社会责任理论的逐步发展，国内一些机构也开始构建自己的社会责任评价数据库，比如国泰安、和讯网及润灵环球等所构建的测量指标体系。

李文茜和刘益（2017）在研究高新技术企业的研发投入、技术创新产出、CSR 与企业竞争力之间的关系时，对企业社会责任的测量使用了国泰安数据库关于上市公司所披露的每股社会贡献值，计算公式为：

$$\frac{每股社会}{贡献值} = \left(净利润 + \frac{纳税}{总额} + \frac{职工}{费用} + \frac{利息}{支出} + \frac{公益投}{入总额} - \frac{社会}{成本}\right) \div \frac{主营业务}{收入}$$

贾兴平和刘益（2014）则使用和讯网上有关上市公司的 CSR 评分，包括对企业股东的责任、员工责任、客户责任及消费者权益责任、环境责任，并对各项社会责任进行了细致的评分，对各个指标及指标小题项按照百分制进行打分并加总，研究了制度环境（舆论压力）和市场环境（竞争强度）对企业履行社会责任的影响。

黄荷暑和周泽将（2017）采用润灵环球社会责任报告评级系统，将上市公司社会责任报告的综合评分结果作为 CSR 表现的衡量指标，考察了 CSR 对银行信贷资金配置效率的影响以及信息透明度在其中的调节效应。

综合以往的研究我们发现，虽然研究对数据的来源进行了清晰的解释和说明，但从文献研究的特征来看，基于数据库数据进行量表开发的企业社会责任研究主要集中于企业环境绩效、财务绩效、成本收益、会计信息披露等公司治理视角，研究对象主要针对上市公司；但是，从企业战略管理的视角来看，当我们研究企业社会责任与高层管理者的特征、战略风险之间的关系，或者研究企业社会责任与企业国际化风险控制、伦理决策等组织行为之间的关系时，这种基于客观数据的量表并不适用。

③问卷调查法。

问卷调查法是基于相关理论选择 CSR 的测度模型，然后进行测量问卷设计与开发，编制各变量的测量题项，然后通过小样本调查，对量表进行删减及优化，形成最终的 CSR 测度量表；接着再次进行问卷的大范围发放及回收，使用统计软件对数据进行统计分析。

Jose 和 Lee（2007）基于管理学的研究角度，根据计划制订、高管允诺、组织结构、领导分权、控制反馈、交流学习和外部风险识别的 7 个维度 38 个题项对 CSR 进行测量。在研究中，Jose 和 Lee（2007）虽然对数据变量的各个维度及量表的信度问题展开了分析，但量表在整体上的数字特征值和数据信度和效度验证仍没给出明确答案，更未涉及量表效度检验的问题。

Clarkson 等（2008）在自愿性信息披露机制下，以 GRI 颁布的《可持续发展报告指南》G4 版为衡量依据，对企业社会责任从管理能力、信誉水平、环境治理、消费结构、战略愿景、形象与补救措施 7 个层面 45 个题项进行了测度。此量表能够具体报告数据的最终来源及数据处理方式。问卷通过反复几轮的专家打分法的修改，验证了量表具有较高的信度。此量表是目前企业社会责任领域经常使用的量表之一。

我国学者买生等（2012）将科学发展观的理念融入企业社会责任，构建了包括社会责任、市场责任、环境责任和科学发展的

4个维度模型，并使用我国上市公司数据验证了其模型的效度和合理性。

陈汉辉（2016）以177份企业调查问卷为样本，从政治关联视角实证考察内外部社会责任对社会资本的影响，并验证了政治关联的中介效应。在分析中，社会责任的划分基于内外部利益相关者视角，把全部的公因子匹配为内部社会责任实践（对股东和员工的责任实践）、外部社会责任实践（对消费者、环保、慈善与债权人的责任实践）两类。

齐丽云等（2017）在ISO 26000和GRI 4.0标准的基础上，构建了包括劳动实践、经济绩效、人权维护、公平运营、消费者保护、责任治理、环境治理、社区发展的8个维度56个题项的测量体系。

因此，在使用问卷调查法对企业社会责任进行研究时，本书依据利益相关者理论，采用陈汉辉（2016）、齐丽云等（2017）所设计的量表。

④其他方法。

除使用以上的定量研究方法之外，一些学者也尝试使用定性的方法对CSR进行测度，如访谈法、德尔菲法等。其具体步骤为：

首先，对专家和学者进行半结构化访谈，以此了解其对企业社会责任的定义、产生原因及测量方法等的看法。

其次，对访谈结果进行测评。

这种方法经常被用于对诸如员工、消费者及非政府组织等与企业关系密切的利益相关者的测度。

从收益-成本上看，使用此类方法花费的成本较低，成功率较高；但是也存在一些问题，如对受访者的数量规定、访谈质量的高低不好确定，也无法确定有影响力的对象，这样数据的信度就较低。因此，此类方法比较适合对数据进行探索性因子分析；

但是若想取得更精确、客观的数据，还需要通过实证方式进行更进一步的检验，以增强研究结论的说服力。

另外，一些学者尝试引进其他领域的测量方法。目前来源于心理学的元分析法是对企业伪善的主要分析法，通过统计学的分析方法，对文中出现的独立结果再次展开分析。

Wu（2013）从企业的内外两个层面对 295 家企业未能负责任的原因进行剖析，结果认为企业社会责任的战略化及研发投资多元化是造成企业伪善的两个重要因素。

2.2.3 企业社会责任对战略风险的影响

随着企业社会责任理论探讨与实践的逐步深入，出现了将企业社会责任与企业风险防范放入同一理论框架中的尝试性研究。

Ackerman 和 Bauer（1976）构建的社会压力回应模型被认为是 CSR 影响战略风险的研究开端。在此模型中，他从企业内外压力源展开分析。外部环境的剧烈变动要求企业重新思量自身与社会的关系，对来自外界的社会与环境等议题的压力作出回应，防范相关风险，避免经营失败；同时，企业内部治理结构的完善程度，股东、管理者等内部利益相关者之间的利益诉求差异等也给企业战略的制定与实施带来不同程度的风险。因此，企业要充分考虑内外部利益相关者的诉求，通过合作、共赢的价值观来确定企业战略的发展方向。

Forstmoser 和 Herger（2006）通过研究指出，企业的社会责任实践可以提升企业的形象，防范声誉风险的发生，促进企业实现可持续发展目标。

Cuesta-Gonzalez 等（2006）认为企业把社会责任分解到经营过程的各个环节中，在很大程度上为企业带来了积极影响，还能够规避一些企业的消极影响。

Neubaum 等（2012）指出履行内外部利益相关者责任对企业

财务绩效的影响是非常显著的。当他们关注外部自然环境责任时，能够受益更多，并通过有效利用内部利益相关者的权力，获得市场竞争优势，减少竞争风险。

Daniel等（2012）的研究也证实了通过与内外部利益相关者的互动交流，可以有效传达企业的有效信息，提高企业的声誉，拓展品牌形象，减少企业声誉危机等造成的风险。

Michel和Olivier（2012）源于实践基础探索了企业社会责任与战略风险管理之间的因果关系及相关关系，这是综合应用两者的新趋势。这种观点注重企业社会责任、战略决策以及可持续发展在风险管理中的应用，逐步将这些变量纳入到企业风险管理的理论框架中，将风险管理的目标拓展到了利益相关者方面。

Kim（2014）的研究表明，企业社会责任可以增加企业的市场份额，提高价值创造能力，开拓新的产品市场，从而降低来自消费者投诉和抵制的风险。

国内企业社会责任与风险管理的融合研究主要集中于企业社会责任投资、企业社会责任信息披露及企业社会责任履行等对企业合法性、竞争优势及风险管理目标实现方面的研究。

企业社会责任投资是指企业在决定投资项目时，会考虑对员工、消费者及社区环境等利益相关者利益的关注与考量，它是一种基于社会责任活动的投资理念。从企业长期发展的视角看，企业在社会责任上的投资支出不仅能够获得利润的增长，还可以为其可持续发展提供新的理论依据。

李朝晖（2009）认为企业社会责任投资要基于经济、社会与环境产生三重盈余的目的，增加企业社会责任层面的资金投资，进而影响企业的风险投资目标选择、投资内容范围边界及风险退出方式，为企业投资者及社会大众创造共同生存空间及共享价值。

贾兴平等（2016）指出来自于利益相关者层面的压力会激发

企业对资源及合法、合规性的进一步需求，同时促使企业积极履行社会责任，而企业履行社会责任又将有助于企业价值的提高。

田虹和王汉瑛（2015）在投资的逐利性与社会责任创造社会价值有机结合的社会责任投资理念的指引下，构建了包括组织层次、东西方文化融合、治理议题、时间跨度4个维度的社会责任投资模型。该模型统一化了社会标准，内化了时空维度的冲突，这为我国企业社会责任跨层次的研究提供了经验借鉴。

企业社会责任信息披露是企业对外界所作出的一种"非财务性"信息报告。通过此披露机制，社会大众能够详细了解企业在环境保护、公司治理、公益慈善、客户关系维护及社区发展等方面的具体实施状况。

彭华岗（2009）指出自愿进行信息披露的企业，可以有助于自身提前识别战略风险、法律风险、运营风险、市场风险及社会责任风险等。

李新娥和彭华岗（2010）通过对我国企业500强中的前100强企业的社会责任信息披露水平与企业声誉之间的实证分析，得出企业社会责任信息披露的评分越高，相应企业的声誉得分就越高，即企业社会责任信息披露水平与企业声誉之间存在正相关关系。

宋献中等（2017）使用我国上市公司的数据，分析了CSR信息披露对企业股价崩盘风险的影响，并指出CSR信息披露能够降低内外界的信息不对称程度，提升投资者的投资热情，降低企业未来股票价格的崩盘风险。

企业社会责任履行是企业在追求经济利益的同时践行维护公众利益、对社会负责的具体体现。

李海芹和张子刚（2010）研究发现，企业通过社会责任行为可以在产品市场上树立良好的企业声誉与形象，吸引消费者注意，赢得员工忠诚，联结与其他利益相关者良好的关系。

刘红（2014）指出企业履行社会责任可以大大降低期货公司的战略风险、操作风险、法律风险和声誉风险。

杨艳和兰东（2015）的研究表明企业履行对股东、员工等内部利益相关者，顾客、环境和社区等外部利益相关者的责任均能降低企业的特有风险。

相玉姣（2016）基于我国上市公司的相关数据，验证了 CSR 履行与企业风险间的关系，研究结论显示 CSR 履行对降低企业风险、市场风险有显著的功效。

从上述社会责任的研究成果可知，从最初社会责任概念内涵与外延的探讨，到影响因素的识别，以及到结果变量之间"黑箱"的打开，社会责任研究进一步得到完善。虽然社会责任的相关研究已逐渐丰富，但存有一些亟待解决的关键问题：

第一，目前对社会责任的测量方法各异，主要采用数据库指标法、内容分析法、问卷调查法等，且在量表问卷法中缺乏基于内外部利益相关者视角的量表。虽然部分研究者或者采用利益相关者视角，或者基于其他理论视角开发了相应的适合自己研究的量表，但在利益相关者的分类及测量指标的设置上仍存有较大差别。

第二，对企业社会责任与战略风险之间的关系探究，主要是从企业开展社会责任活动所获得的经营合法性、竞争优势、企业声誉、价值创造等有助于间接规避战略风险方面展开研究。虽然一些学者分析了社会责任如何通过相应的风险预防行为规避战略风险，但这仍未改变二者直接关联研究仍然较少的现状，而且社会责任影响战略风险的中介变量及调节变量的研究还较为缺乏，即对于 CSR 影响战略风险的具体作用机制仍需进一步探讨。

陈宏辉等（2016）通过对比中西方的研究结果，发现国内学者所发表的高水平论文中几乎没有提及企业履行社会责任对降低企业经营风险的影响。

　　因此，对如何将企业社会责任理念真正融入企业战略风险管理活动中、二者有怎样的一致性、企业社会责任与战略风险管理之间存在什么关系，以及基于企业社会责任的战略风险管理体系等问题缺乏深入、系统的研究。本书将在现有研究成果的基础上，对企业社会责任与战略风险的关系进行拓展，以利益相关者理论、战略管理理论等为基础，研究企业社会责任对战略风险的影响作用机理。

2.3　伦理决策研究综述

2.3.1　伦理决策的内涵

　　决策被认为是决策者的一种认知过程或智力活动过程，通常是指在有限的决策信息条件下，决策者依据个人偏好及主观能动性对信息进行评估，对战略性的决策任务作出决策。这个决策过程不是一蹴而就的，而是需要经过一段持续时间的推断。决策的首要任务是确定问题导向，然后依据解决问题的标准，把这些标准按照决策者自己认为的重要性进行排序，最后通过逐个筛选获得最优的问题解决方案，并将此方案应用到具体的实践中去。这样可以减少可供选择方案的模糊性和质疑性，从而作出理性的选择。

　　美国决策研究专家 Hastie 等（2009）将决策理解为人们根据自己对决策结果的期望值及信念力量所作出的决策行动过程。这个定义主要涵盖了三个方面的内容：

　　首先，依据现实状况拟订一个最优解决方案；

　　其次，依据自身偏好及信息掌握程度对事物的变化状态及发展过程持有一种期望及信念；

　　最后，对评价结果进行具体的效用值测度。

伦理决策作为企业决策的重要表现形式，近年来受到了越来越多的关注。依照时间发展脉络，研究者们对伦理决策给出了不同定义。

Velasquez 和 Rostankowski（1985）指出，在自由意识的支配下，人们所做出的行为会带来不同的利弊结果，而产生这种利弊结果的行为即伦理行为，伦理决策就是伦理行为所产生的心理机制过程。

Jones（1991）将伦理决策定义为大群体在法律上和道德上都可以接受的决定，它基于对道德行为标准的遵守。功利主义决策意味着伦理决策是为大多数人实现最大利益的决定。为了作出合乎道德的决定，首先必须认识到眼前的问题是有道德意义的。对行为进行识别，就必须决定哪些行动最符合伦理道德的要求；一旦作出了伦理判断，就必须有意识地决定把伦理价值置于所有其他个人价值和意图之上。基于伦理决策的行动可被认为是道德的行为。

Dobel（2002）研究指出，伦理决策的目标是评估可能的行动过程，这个过程强调谨慎性，因为它强调联结手段和目的的重要性。

在先前研究成果的基础上，Pojman 和 Fieser（1990）总结了有关伦理决策的几种观点：

首先，伦理是人生重要的一部分。道德哲学的核心目的是确保行为和价值观的有效原则能够指导人的行为并产生良好的品格。

其次，伦理分析是复杂的，伦理不仅仅是基于行为准则来评估行为。

再次，伦理体系的两种主要类型主导了有关伦理学的现代思想：一个侧重于行为，另一个侧重于后果。这两种伦理体系是道义论和功利主义。

最后，尽管每种伦理体系都行之有效，但每种体系都存在不同的问题，如好的结果不一定会从好的行为中产生。近来学者更加注重决策的实现手段与所坚持的原则性问题。

Kouzes和Posner（2007）研究认为，伦理决策由一定的手段与目标构成，其中手段是现在对于事情应该如何完成的信念，目标是我们渴望达到的长期愿景。

英国商业伦理研究院为伦理决策提供了一个简单的框架：透明度、效果和公平。

考虑伦理决策效应时，应考虑可能的有害影响以及如何避免这些影响的方法。

在我国推崇伦理道德及儒家文化思想的影响下，有关伦理决策的研究成果也较为突出。早在春秋时期，就有人提出了"施诸己而不愿，亦勿施于人""躬自厚而薄责于人"等伦理道德思想。

冯锋（2001）基于和谐社会理念，认为随着社会要素及人们决策认知能力的提升，会更加注重决策中的社会发展因素，将伦理因素纳入商业决策系统中以体现时代发展需求。

叶文琴（2004）通过将西方研究成果与我国国情相结合，归纳出伦理感知、伦理判断与伦理意图三个企业伦理决策的构成要素。以此为标杆，在充满商业利益冲突的活动决策中，只要是牵涉到伦理决策的问题，都可以称之为伦理决策（吴红梅，2006）。

陈翔和陈爱华（2008）认为，决策与伦理具有内在统一性和内在关联性，伦理决策具有以人为本、社会公正、公共利益至上、决策责任四个方面的科学内涵。

金杨华等（2016）认为，伦理决策是在伦理准则及履行伦理行为的信念基础上决策者所进行的决策过程，这不仅受到决策者伦理道德水平的影响，也会受到决策者的潜在心理认知的影响。

而在伦理与非伦理决策产生之后，必然会产生一定的决策行为（伦理与非伦理行为）。

Jones（1991）将伦理行为分成了伦理行为与非伦理行为两种，其中，伦理行为有利于他人及社会，而非伦理行为损害他人及社会。虽然这个定义为很多学者所采纳，但这只是认知形态上的伦理行为。

Trevino等（2006）则指出企业的伦理行为分为三类：

一是非伦理行为，如偷窃、欺骗等。

二是低标准的伦理行为。某种伦理行为达到了最低道德水平，没违反伦理道德，遵纪守法，诚实守信。

三是高级伦理行为。部分学者将研究聚焦于超越伦理道德的伦理行为，如揭发检举、慈善事业。

在我们的现实生活中，人们拥有共同的、普遍的伦理原则；但在现实情境下，往往产生违背伦理的行为，因为人们容易忽略伦理决策在商业活动中的重要地位，如长期发展、公平交易及合法获利。

2.3.2 伦理决策的维度与测量

由于企业的伦理决策需要结合社会学、经济学、心理学及哲学等理论基础，而且与管理者的价值观、认知结构等因素紧密相关，因此，伦理决策的可观测性不强。国内外学者对伦理决策维度的划分各异，测量方法也不尽相同。整合当下企业伦理决策的研究成果，发现大都使用问卷调查法开展研究，但也有少数学者使用情景实验法与实地访谈法进行测度。

在问卷调查法的使用上，Reidenbach和Robin（1990）构建了包括公平与否、道德与否、是否违背承诺、是否违反不成文的规定等8项指标评价量表，并验证了量表的信度与效度，结果表明多维伦理量表具有显著的预测能力。

Wu（2002）通过对中国台湾132家企业的随机抽样，探讨个人伦理决策在企业经营伦理与组织绩效关系中的调节效应。其中，调研变量的个人伦理决策部分包括14个题项，企业伦理决策部分包括15个题项。

Liu 等（2009）基于消费者视角，实证分析了中国消费伦理信仰与消费者的伦理行为之间的逻辑关系，其中消费者的伦理行为含有4个维度12个题项。

许婷婷（2014）根据企业在作出决策的过程中是否会涉及对政治、经济、伦理等层面的考虑，即决策时是否考虑了伦理道德的作用，将伦理决策机制的维度划分为伦理导向4个题项的决策机制和经济导向3个题项的决策机制。

刘彧彧等（2015）在 Rosenberg 开发的多维度伦理量表的基础上，结合我国情况下伦理决策过程相关研究的需要，使用了多维伦理量表中的6个道德情景故事。他选取了 MSE 量表中的6个涉及企业员工在工作、生活中可能面临的道德两难选择的情景故事，如员工与所在企业、供应商、消费者、政府、市场竞争者等利益相关者关系的处理；接着，分别在每个情景中设置3个相关问题，依次考查员工的伦理认知程度、伦理判断能力与伦理行为意向。

在情景实验法的使用上，Detert 等（2008）通过3次对来自307家商业和教育本科专业的学生的情景模拟数据进行假设检验，解释了道德脱离的前因和结果。

Kuntz 等（2013）通过情景实验法验证了个体差异、社会文化、伦理道德和伦理气氛对个人分析和解释组织思维方式的独特影响，还探讨了在哪些情景中受访者最初解释情景的方式（作为一个法律问题、伦理问题和/或两难问题的选择）影响随后对所涉及的利益相关者的认可，以及对组织和组织外部变量的识别。

田虹和王汉瑛（2015）归纳与总结了以往学者的相关研究，主要包括伦理困境的适用场合及具体的使用情况。根据他们的研究，总共有55个伦理困境场景。其中，诚实问题涉及得最多，包括 17 个场景；其次是公平问题，涉及了 11 个场景；再次是产品问题，有 7 个场景；有关个人信仰违背的情况有 4 个场景；有 3 个场景是关于贿赂问题的；有 2 个场景是关于利益冲突问题的；有 1 个场景是关于保密性问题的；有 1 个场景是关于操控价格和供应量问题的；有 1 个场景是关于滥用职权问题的；有 8 个场景是关于其他场景问题的。

金杨华等（2016）主要运用了情景评价的方法，测度了对组织有利或有害的各种伦理决策问题。所用问卷多基于 Detert 等（2008）的研究结论，分别设定了 4 种对组织有利或有害的伦理决策情景，并且规定使用李克特 7 点量表。实验者必须就面对的两难伦理问题作出回答，通过这种方法测度了实验者所作出的伦理判断和他们的意向行为。

在伦理决策的维度划分及测量方法上，维度划分差别较大，没有形成一致结论，而在测量方法上，仍以问卷调查法及情景模拟为主。因此，本书使用问卷调查法，就伦理决策问题对国内外的相关研究成果进行了归纳和总结，从而找出与我国企业现实情况相一致的量表。

2.3.3　伦理决策对战略风险的影响

企业伦理决策是决策学与伦理学的结合，需要决策者在决策过程中考虑经济、法律以及风险因素。企业作出的各项决策有大小之分，大到与企业利益紧密相关的决策方面的问题，包括新产品开发、新市场开拓等；小到如消费者投诉、日常生产计划安排等。而企业伦理决策需要考虑企业的伦理道德问题，不仅仅是经营问题；它对企业的可持续发展具有重要的影响；伦理决策的环境状况及资源选取相对复杂，伦理决策的优劣直接影响企业战略风险的程度。因此，本书主要从伦理决策的环境、决策者特征及相关组织因素的角度对战略风险进行论述。

通常情况下，企业伦理决策的环境是由许多复杂因素构成的动态变化的环境体系，它存在许多结果的不确定性，如企业市场竞争环境的变化、利益相关者压力程度等具体的层面。这些不确定性大大降低了伦理决策的精确性和质量水平，增加了企业的风险程度。

Ferrell 和 Gresham（1985）指出，之所以会出现伦理问题，与特定的社会环境和文化背景是离不开的。

Liu 等（2009）探讨了中国消费伦理信仰与消费者伦理行为之间的逻辑关系，得出当消费者更容易接受可能被认为是不道德的原则的一系列行为时，其更有可能参与不道德的行为；当消费者认为不当行为可能损害与卖方的关系时，其倾向于避免不道德的行为，而消费伦理信仰和关系质量的交互作用也会影响不道德的行为。

陈翔（2014）则是从国家环境治理角度出发，指出国家治理与伦理决策有共通性。国家环境治理无疑深深蕴含着现代社会和谐发展所需的道德基础。因此，决策者在进行国家环境治理的过程中，要注意摆脱一般利益观的局限性，在考虑伦理决策的前提下，处理好政府与个体、社会和宏观经济的关系。

田虹和王汉瑛（2015）指出市场营销是伦理困境的高发领域之一，在营销人员与各个利益相关者频繁接触的过程中，各种利益集团和价值观相互冲突，容易触发伦理困境。他们梳理和研究了西方营销伦理决策的理论模型、量表，进而为我国营销伦理决策提供有益的借鉴及指导意义。

前面章节部分提到，由于战略决策者的个体特征、信息处理能力及心理认知模式的差异，伦理决策的结果各不相同，甚至给企业的决策带来错误引导，引发战略风险。一般而言，在面对伦理问题的时候，企业决策者会考虑以下三个方面的因素：个人、机遇和相互关系。其具体行为将直接受到伦理决策的影响。当决策者执行了特定行为以后，他又会反过来评判自己做出的行为，这个评判结果又会进一步影响他今后将要作出的伦理决策。

Upchurch（1998）通过实证研究发现，从个人因素上看，人口统计特征、态度感知及人格特质等都会影响决策者的伦理决策。

Stevens（1994）选择契约主义、相对主义和道德因素这3个维度，设计出了4个伦理情景的调查问卷，并将这些问卷发放到500名企业管理人员当中进行调查。他发现这3个维度能很好地揭示受访者的"行为动机"，进而能影响受访者所作出的伦理判断和伦理决策。

晁罡等（2013）研究发现企业伦理不会直接影响组织绩效，却能对 CSR 产生正向的积极响应，而 CSR 又显著正向影响企业绩效，相当于 CSR 在二者关系中起中介作用。企业履行 CSR 和企业进行伦理道德建设是互相补充的，因此，企业应该加强对其利益相关者的伦理道德管理，从而最大限度地提升企业的经营绩效。

郝云宏等（2013）基于伦理决策的视角，聚焦于大股东控制权私利行为模式的研究，指出大股东控制权私利行为实质上是个人特征与环境动态匹配的结果，属于伦理决策的一种。大股东面临着是否要追求控制权私利的困境，对伦理困境的感知与判断、对情景因素及侦查概率的认知能够直接影响控制权私利非伦理行为的产生。

若组织的资源与能力等与外部环境匹配程度较低，如组织的文化、规模乃至奖惩制度等与外部环境的动态匹配差距较大，则会产生一定的战略风险。

Stølum 和 Kaye（1992）对比了澳大利亚和美国公司的伦理决策行为，发现相对于澳大利亚，美国公司更加支持伦理决策文化。

　　Brammer 和 Milling（2004）实证分析了 162 个不同规模医院的伦理决策，结果表明组织规模与其社会认知之间呈现出一定的负相关关系，组织规模过大有时反而不利于其伦理决策过程。

　　Zhu 等（2014）研究指出，创造浓厚的伦理道德氛围能够有效规避员工的不道德意念及行为；反之，道德不端行为（缺乏企业伦理价值）会长期侵蚀组织的合法性和完整性，最终提高员工的离职意向。这是因为企业的伦理价值不高，组织的合法性与完整性开始动摇，员工不知道他们的努力工作及做出的成绩是为了什么。实施奖惩机制对于组织伦理决策还是有一定的作用的。奖励符合伦理的行为可以增加这种行为发生的次数，而惩罚不符合伦理的行为则会减少这种行为发生的次数。

　　Jurkiewicz 和 Giacalone（2016）也赞成这种观点，认为奖励符合企业伦理决策的行为会鼓励这样的伦理决策再发生。

　　而 Jones 等（2013）选取了 120 位研究生作为研究对象，结果发现如果奖励不符合伦理的决策行为，则会增加这种不符合伦理的决策行为再次发生的可能性。

　　总体而言，以商业伦理理论、社会认同理论等为基础，国内外学者对伦理决策进行了广泛的研究，也取得了丰富的成果，但在某些问题上存有分歧和不足：

　　首先，基于不同研究视角对伦理决策的定义存在些许差异性，这种差异性不仅导致了伦理决策研究的多样性，也引发了对伦理决策具体构成的不确定性，进而导致缺乏研究成果的比较性，其中所运用的测量工具也呈现出差异性。

　　其次，通过梳理国内外相关研究我们发现，基于商业伦理、利益相关者和群体决策等理论，前人深入研究了企业伦理决策的维度与测量体系，但成果并未形成一致的研究测度体系与方法。

　　最后，对于企业伦理决策机制与战略风险的研究成果而言，实证研究明显较少。一些研究虽然从伦理决策的环境、决策者特征及组织因素方面对伦理决策与社会责任、风险之间的关系进行了分析，也尝试着分析伦理决策与企业行为之间的内在关系，但对于其中的影响路径或传导机理的研究还十分匮乏。

2.4 相关研究述评

2.4.1 以往研究取得的进展

围绕企业社会责任与战略风险这个关键主题，以往相关研究领域的进展如下：

第一，围绕战略风险产生的背景原因，国内外研究者们沿着不同的视角展开了大量的研究，研究结论也较为丰富。关于企业战略风险的前置影响，学者们作了一定的研究。

在外部风险方面，商迎秋（2011）研究了宏观环境对战略风险的影响；Maidique 和 Zirger（2013）指出企业经营面临着许多的风险因素，譬如过多的竞争对手、竞争对手实力很强以及市场上存在不正当竞争等；Halman 等（2013）研究发现，企业经营时还面临着产品是否能适应消费者需求的变化、消费者偏好是否会在产品生命周期中改变等风险。

在组织风险方面，Cooper 和 Kleinschmidt（1990）发现，企业是否拥有充足的流动性资金会显著影响到企业战略的实施效果；Halman（2014）则认为，如果企业的流动资金无法正常抵付流动负债、经营所得收入不能抵销其经营成本，或者企业现金流量不足以支付优先股息等支付义务，都可能引发企业的经营危机，严重的话还可能导致企业破产，这就无形中增加了企业面临的经营风险。

在运营风险方面，客户价值主要体现在产品生产成本和价格上。按照 Ritala 等（2008）的观点，生产成本控制对企业经营管理是十分重要的一个环节。一旦出现诸如不合理的设施采购、不当的业务流程、不合理的生产计划以及过高的库存量、过多的劳动力成本支出等现象，都有可能增加企业的生产运营成本，进而降低企业在市场上的竞争力。

在战略风险方面，战略决策过程不仅会受到战略信息有限性以及战略决策不确定性的影响，还会受到战略领导者心理预期的影响。倘若战略领导者拥有良好的心智模式，那么他对系统行为的阐释、描述和预测的能力将会大大提高；反之，不良的心智模式则可能损害企业的决策行为，导致企业决策出现失误，引发战略决策风险。为此，企业决策者的心智模式也成为影响企业战略决策的一个很重要的原因。

第二，在组织研究层面，关于利益相关者的大量研究为开展企业社会责任量表研究打下了基础，具备了基本成熟的企业社会责任维度划分，其测量方法也越来越多。利益相关者理论认为，企业本质上就是全部利益相关者的共同体，企业存在的目的是为这些利益相关者创造更多的财富，而不仅仅是实现最大化的股东利益。从这个意义上说，经营发展企业需要全部利益相关者都支持且积极参与，而不能纯粹地依靠股东。国内外众多学者基于利益相关者理论对社会责任的划分和测量进行了大量的研究，如问卷调查、量表等。

Carroll（2000）认为可以从内部和外部两个维度来对企业的社会责任活动进行研究。其中，内部社会责任包括为客户提供满意的产品或服务、为企业创造价值、促进企业自身及内部人员的良好发展；外部社会责任则更多地体现在维持一个良好的社会运行秩序。

这些研究表明，内部社会责任与外部社会责任存在本质的不同。内部社会责任与企业人力资源管理的实践紧密相关，与企业利益相融合；外部社会责任关注企业对外部社会需求的回应与满足，与企业利益有所分离。因此，两种责任行为在属性上有较大的区别，在理论研究当中应当被作为一个概念的两个维度来分别进行探讨。

就实证研究方面，国内外学者综合了多种方法来分析社会责任，如内容分析法（Anderson & Frankle，1980）、数据库指标法（Ilinitch et al.，1998；Lee et al.，2013）、问卷调查法（Jose & Lee，2007；陈汉辉，2016）。

此外，还有少数学者对社会责任的测量使用了其他的方法，如 Bisschop（2010）的定性研究方法及 Wu（2013）的元分析法等。

在众多分析方法当中，由于数据库指标法和问卷调查法得出的结果更为可靠且易于复制，能有效避免模型方法使用不当而造成的偏差，因而得到了学术界的广泛应用。

第三，从个人愿望和信念视角出发，国内外不少学者界定了决策及伦理决策的含义，并且从多个不同的视角验证了伦理决策对 CSR 及风险因素的预测作用。由于企业的伦理决策需要结合社会学、经济学、心理学及哲学等理论基础，且与管理者价值观、认知结构等因素紧密相关，因此，伦理决策的可观测性不强，国内外学者对伦理决策维度的划分各异，测量方法也不尽相同。

根据 Velasquez 和 Rostankowski（1985）的观点，伦理行为就是人类在自由意识之下衡量了不同利弊结果之后所做出的决策行为，伦理决策则是人类在做出这个行为时的心理作用过程。

Rest（1986）则认为，伦理是社会价值的一种，只不过伦理具有特殊性：在社会生活中，它通过引导人们开展合作、处理好个人利益与其他利益之间的矛盾，来增进人类社会的整体福利。

Trevino 等（2006）基于行为伦理理论对伦理行为进行了分

类，主要有三种：

一是广受关注的非伦理行为，譬如说谎、欺瞒和偷盗等；

二是虽处于最低法律标准或道德底线却没有违背伦理的行为，这类行为也有很多学者关注，譬如诚信、守法等；

三是超出了道德极限的伦理行为，只有极少部分学者研究，譬如检举、做慈善等。

从伦理决策的预测效果上看，晁罡等（2013）以167份企业高管人员的调查数据为基础，研究发现企业伦理不会直接影响组织绩效，却能对CSR产生正向的积极响应，而CSR又显著正向影响企业绩效，相当于CSR在二者关系中起中介作用。企业履行社会责任和进行伦理道德建设是互相补充的，因此，企业应该加强对其利益相关者的伦理道德管理，从而最大限度地提升企业的经营绩效。

许婷婷（2014）经过研究发现，企业的伦理决策与企业承担社会责任是一致的。

CSR从注重经济价值转向注重伦理价值，是企业在市场经济内不断发展的结果，也体现了企业经营的目的与手段、利益与道德、动机与效果、个体与社会方面的碰撞与融合。随着伦理学不断地注重结合实践，CSR也逐渐被各类管理者所接受。在企业作出的各项决策当中，诸如权利与义务、社会责任、公平与公正等伦理学基本概念，得到了企业决策者越来越多的重视。企业决策者有了全新的认识：企业无法脱离社会而进行生产经营，必须履行其社会责任。企业决策者在决策时开始自发地考虑社会伦理观。企业在追求经济绩效的同时，也会考虑其带来的社会效益，努力达到双赢的最佳状态。

2.4.2 需要进一步研究的问题

对以往研究进行回顾，虽有较多的有价值的成果，但其也在多个方面存在不足，在某些方面缺乏相关研究，甚至在某些关键性问题上意见不一致。虽然有的学者对有关企业社会责任影响战略风险的探究已经展开初步探讨，但未形成一个完整的理论框架，对二者的作用机制也研究得不够深入，相关实证更是缺乏有说服力的结论。根据已查阅的文献，国内外学者对利益相关者理论应用到企业社会责任测量的研究具备一定的可行性已基本上达成共识；将利益相关者理论与企业社会责任的实现机制进行关联研究还不够深入，而且没有形成统一的结论。学者们往往重点关注其中的某个方面，如 Carroll（1979）、Elkington（1998）关注企业社会责任；Donaldson 和 Preston（1995）、郑孟状和潘霞蓉（2003）关注利益相关者，却没有将二者视为一个整体，对其必要性和影响后果等展开深入研究。所以，后续研究对其整体性还需深入和拓展，具体表现在：

第一，需要拓展不同类型的企业战略风险的评价研究，以利于企业对不同类型战略风险的识别及防范。

战略风险识别是风险管理的第一步，它认为企业应注意做好事前准备，以降低突发风险发生带来的损失，进而提高组织的经营绩效。

在战略风险划分上，Miles 和 Snow（1987）从财务理论视角和决策理论视角出发作出了评判，认为其不利于理解战略风险管理；他们还指出，战略风险主要包括创业风险、操作风险和竞争风险。

Baird（1994）则是将战略风险进一步细分为产业风险和企业风险两类，其分类依据是企业内外部系统的层级特征。

Simons（1999）从商业管理的角度将战略风险归结为四大基本来源：运营风险、资产风险、竞争风险和商誉风险。

王翔（2010）结合了战略管理理论各个流派的观点，最后认为战略风险依据其来源可划分为四种：市场竞争风险、资产损耗风险、价值流程风险和能力不足风险。

安雪芳（2015）以我国煤炭行业的战略风险产生机理和煤炭行业的发展现状、趋势为着眼点，依据风险识别、风险评价和风险控制的风险管理步骤，研究了我国煤炭企业的战略风险管控过程，从而构建了八大类风险特征，涉及宏观环境、产业、市场、竞争对手、企业家才能、企业所有资源等方面。

学者们虽然研究了战略风险的具体类别，却并未形成一个有关战略风险构成的系统性研究框架，多数研究停留在财务、经营风险这样的基本风险层面。还有一部分学者虽然探讨了战略风险的事前预防，却没能证明各类风险防范措施的有效性，如哪些措施能够有效预防战略风险，哪些措施对战略风险具有良好的预测与修复功能等，这些问题都仍需进一步深入探究。

第二，需要明确企业社会责任的测量维度划分，基于利益相关者理论与使用问卷调查法降低企业社会责任的测量难度，确定企业社会责任实施的对象与手段。

纵览当前企业社会责任测量相关的研究，大多数研究者都认可了基于利益相关者视角的分类结构。借助利益相关者这一理论，研究者可以把各种影响因素看作一个整体而加入到理论框架当中进行统一分析；通过构建相应的企业社会责任测量模型，既可以使研究避免出现片面化，又可以发现企业社会责任的主要影响因素。所以，在利益相关者理论的基础之上，立足于整体去研究利益相关者，对企业社会责任的影响机制是很有可行性的。但研究发现，在企业社会责任的评价方法上，内容分析法、数据库指标法或实验测量方式使用较多。虽然这些方法更为客观，但实际测量方法操作起来很困难，搜集数据要耗费高成本，因而一部分学者转而采用问卷调查法，如陈宏辉（2003）和陈汉辉（2016）。可是，量表的可信度和有效性都还不确定，仍需对其作进一步验证。从这个意义上说，未来研究有必要根据不同需要和实际情况，根据不同企业社会责任测量方法的独特性来构建新的量表，从而降低企业社会责任的测量难度，为进一步研究社会伦理观与其他变量之间的关系打下基础。

第三，需要对企业伦理决策机制与企业战略行为的整体性研究重点关注，而不仅仅是从伦理决策研究领域单独进行研究，明确伦理决策机制的作用过程及效果的研究。

前人对伦理决策的研究大多数是关于概念与维度的界定，而伦理决策又和许多学科交叉影响，所以前期的这些研究都缺乏整体观念。如在个人伦理决策层面，Wu（2002）通过对中国台湾132家企业的随机抽样，探讨了个人伦理决策对企业经营伦理与组织绩效之间关系的影响。其中，调研变量的个人伦理决策部分包括14个题项。在组织层面，许婷婷（2014）就企业决策所涉及的5个方面进行了考查：经济、社会、政治、科技和伦理。按照企业决策时是否考虑了伦理道德因素，伦理决策机制可被划分为伦理导向型和经济导向型两种。在有关伦理决策的作用效果方面，研究成果较少。虽有少数学者探讨了伦理决策与个人（消费者、员工）及组织之间的关系，但是将企业社会责任、伦理决策、战略风险纳入同一理论框架，研究企业社会责任与伦理决策的交叉作用及与战略风险的关系仍是很有必要的。

第四，需要通过实证分析进一步明确企业社会责任与战略风险的关系，而非仅以理论探究及分析为主来研究企业战略风险的前置因素。

现在，企业社会责任的重要作用逐渐显现，但如何使用企业社会责任规避战略风险，将企业社会责任和战略风险纳入同一理论框架中进行实证分析的研究成果较少。前期研究文献指出，由于经营环境与认知能力所限，企业内外部存在的那些战略风险的突发性诱因，企业无法正确得知，从而无法采取及时的预防措施，最终加大了企业经营失败的可能性。

Forstmoser 和 Herger（2006）指出，企业内外部环境处于复杂的动态变化中，再加上企业缺乏足够的风险防范意识，对外部利益相关者的利益诉求反应过慢，导致风险的产生。

Nystrom 和 Starbuck（1984）认为，企业失败归根结底是企业的认知偏差所导致的决策失误。

Jiang 等（2010）以及 Feng 等（2014）从企业安全文化、氛围等角度出发，研究了这些因素对企业战略风险的影响；但若考虑到对战略风险的影响程度及重要性，上述因素显然还不是最主要的。

就战略风险方面的研究而言，未来可以加入企业决策者的伦理认知程度，进一步丰富对企业战略风险的研究内容；还需进一步深化有关社会责任与战略风险之间的作用研究。

实际上，企业战略风险的形成是由一系列诸如企业面临的内外部环境、组织结构、战略环境等因素共同作用的结果。所以企业战略风险一旦发生，其波及范围将会很大，可能影响到企业的各个经营领域。因此，企业应当结合心理学、管理学、经济学等多个领域的研究成果，综合选取合适的、系统的研究方法，这样才能构建出一个涵盖前置因素、测量维度以及作用模式的全面战略风险管理框架。

第3章　理论分析与研究假设

3.1　理论依据

3.1.1　利益相关者理论

利益相关者理论已经建立了丰富的理论工具来探索企业的性质、利益分配和经营管理等问题。根据 Donaldson 和 Preston（1995）的观点，该理论可以用来实现企业的相关职能，其中包括确定企业的道德或哲学假设和管理。正如 Donaldson 和 Preston（1995）所述，利益相关者理论被用来描述企业的本质、管理者思考管理的方式、董事会成员如何思考企业所在社区的利益及一些企业实际上是如何进行管理的。可以看出，利益相关者理论指出企业实际上是由各利益相关者通过契约形式所构成的整体，企业以谋求所有利益相关者的利益最大化为终极目标，而并不是一味地满足股东的需求。企业之所以能够保持非常好的发展态势，绝对不只因为股东的资金投入，而是获得了其他利益相关者的支持和参与。换句话说，利益相关者理论指出利益相关者不仅会为企业提供保证正常生产经营的必要资本，还和企业共同承担经营风险。因此，利益相关者理论的主要研究内容就是满足利益相关者的利益诉求。不同的利益相关者具有不同的利益诉求，其利益诉求的重要性排序也大不相同，心理感知的利益诉求的兑现水平也存在差别。因此，企业如何使各利益相关者获得利益上的满足是一项必不可少且艰巨的任务。

（1）利益相关者的概念内涵

对利益相关者概念的合理界定及边界范畴的确定是开展 CSR 研究的基础。只有明确利益相关者的相关概念，才能明确认知到企业利益相关者的具体构成，体验到各利益相关者相互纵横交错的关系网，进一步深挖出他们可能对企业经营与可持续发展造成的影响。

这无疑为企业识别利益相关者压力源及分类管理提供了科学依据。因此，对利益相关者概念的科学界定，成为利益相关者理论研究的首要任务。

纵览现有文献，多位学者对利益相关者进行了不同的定义。

Freeman（1984）认为利益相关者是指可以对企业行为产生作用或者被企业行为所作用的个体或某个组织。此定义从企业与利益相关者相互作用的视角出发，把涉及个人（顾客、员工等）与组织（政府、社区及大众传媒等）不同层次的对象纳入研究范畴。该理论构架获得了学术界的大力支持和诸多学者追随，但对利益相关者的界定太过宽泛，在实际操作中和实证检验时遭遇了极大的困难。

Ansoff（1987）首次将"利益相关者"纳入管理学范畴，指出"为了制定切合实际的企业目标愿景，一定要充分考虑各利益相关者中的冲突索取权，他们可能就是管理者、员工、股东、原料供应商等"。

Clarkson（1995）通过论证"利益相关者"的前期相关研究，提出了"利益相关者是在企业过去、当下及未来活动中拥有或主张所有权、权利或利益的个人或团体"。这种主张的权利或利益是与企业进行交易或采取行动的结果，它可能是合法的或合乎道德伦理的，也可能是个人层面或集体层面的。

Fassin（2009）从股权视角对利益相关者进行界定，认为利益相关者是指以股东拥有股份的方式在组织中维持股份的任何个人或集团。虽然这个定义确实承认了"股权"这个特征，但它限制了企业的定义，因此不适合一般用途。

Miles（2012）指出利益相关者是指在项目中存有利益或者某些权利或所有权的个人或团体，他们可以影响项目或受项目影响，以知识或其他支持的形式作出贡献。

国内学者陈宏辉和贾生华（2004）也对利益相关者作出了颇具代表性的定义："那些为了获得企业所有权或利益而自愿承担相应风险的组织及个人，通过对企业进行专用性投资而影响企业的价值实现，同时企业的价值实现也会反作用于利益相关者。"此定义以资产专用性投资为研究起点，重点关注利益相关者与企业之间的互利共赢关系。

梳理相关文献资料，对国内外具有影响力的利益相关者定义进行归纳与总结，如表3-1所示。

从上述定义中可以看出，利益相关者大体可从狭义和广义两个层次进行研究。广义的概念一般以描述为基础，重点关注在企业生产经营过程中受到最大影响的个体或者群体。狭义的概念则是以规范性原则为出发点，重点关注具有合法权利的个别人或

表3-1　　　　　　　　国内外有影响力的利益相关者定义

作者	时间	定　义
Freeman	1984	可以对企业行为产生作用或者被企业行为所作用的个体或某个组织
Carroll	1989	那些以资本投入方式对企业进行投资而承担相应风险及收益的个人或团体
Clarkson	1995	在企业过去、当下及未来活动中拥有或主张所有权、权利或利益的个人或团体
Fassin	2009	以股东拥有股份的方式在组织中维持股份的任何个人或集团
Miles	2012	在项目中存有利益或者某些权利或所有权的个人或团体，他们可以影响项目或受项目影响，以知识或其他支持的形式作出贡献
李苹莉	2001	以签订契约的方式与企业建立相互影响的关系，期望能在企业可持续发展中获得回报的个人和团体
陈宏辉和贾生华	2004	那些为了获得企业所有权或利益而自愿承担相应风险的组织及个人，通过对企业进行专用性投资而影响企业的价值实现，同时企业的价值实现也会反作用于利益相关者
刘美玉	2010	以契约为基础与企业存在相互作用关系的个体或集团，以在企业长期经营中获得收益为目标，并自愿承担一定的风险

群体。一般来说，狭义概念只关注利益相关者的某个重要特征，与企业的现实经营活动更为相符；广义概念能对 CSR 的对象作出更加全面的反应。

　　本书将对企业的社会责任理念和行为进行全面的考量，从而研究其对战略风险的影响。

（2）利益相关者的分类

对利益相关者的合理界定及分类是利益相关者理论首先要解决的基础与关键问题。通过分析利益相关者理论的演进过程及利益相关者概念的多重定义，我们发现，诸多学者认为利益相关者与企业存在互动关系，而且会将专用性投资运用到企业的生产经营活动中。但 Donaldson 和 Preston（1995）的研究表明，仅简单地对利益相关者进行定义，并不能帮助我们深入了解利益相关者的具体特质，所以如何科学地对利益相关者进行类别划分成为诸多学者的研究热点问题。通过文献整理发现，当前大多数研究都是基于米切尔评分法与多维度细分法展开的。

Freeman（1984）构建了包括 11 种利益相关者的原始框架。但该模型最常见的版本包括股东（或金融家）、客户、供应商、员工、竞争对手、政府和社区 7 种利益相关者。随着研究的进行，Freeman（2003）又增加了更多的利益相关者群体，其中最著名的是压力团体。Freeman（2003）将该模型缩减为 5 个内部利益相关者：金融家、客户、供应商、员工和社区（放弃竞争对手）；围绕这 5 个利益相关者又引入政府、环保主义者、非政府组织、评论家、媒体和其他人 6 个外部利益相关者，并用箭头标出彼此之间的联系。

Carroll（1999）将企业利益相关者确定为所有者、社会和社区、消费者、员工、供应商和战略合作伙伴、政府和行业机构、银行和其出借人与特殊利益非政府组织 8 个类别。

Clifton 和 Amran（2011）认为，那些直接影响企业实践的团体以及被企业实践直接影响的团体都属于利益相关者的狭隘观点，这个观点通常认为利益相关者由股东、员工、客户、贷方、政府和当地社区组成。

Mitchell 和 Wood（1997）依据合法性、权力性与紧急性 3 个属性对利益相关者进行评分，接着依据分值的高低筛选出企业利益相关者的个体或者群体，并划分出属于哪一类型。其中，合法性是指在规范与价值观引导下向企业进行索取的正当性；权力性是指能够参与企业的经营与发展的决策能力；紧急性是指利益相关者要求被立即关注的程度。按照上述属性的强弱性将利益相关者分为8类：休眠型、自由裁决型、苛刻型、支配型、危险型、依赖型、确定型与非利益相关者（如图3-1所示）。拥有这三重属性的利益相关者被认为是一个最终的确定型利益相关者，而其他类型可能只拥有一个或两个所讨论的属性。

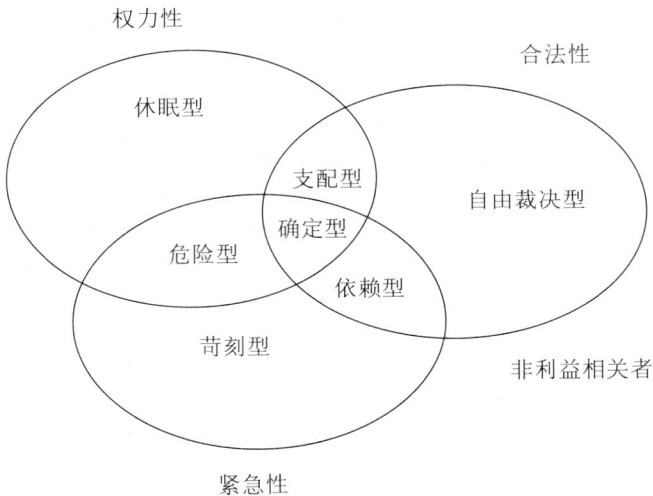

图3-1　米切尔评分法的利益相关者界定

陈宏辉和贾生华（2004）在米切尔评分法的基础上，采用问卷调查法对我国企业的利益相关者类别进行细致的划分，依据重要性、主动性与紧急性分为10种利益相关者：股东、企业管理者、员工、投资者、供应商、分销商、顾客、政府、社区与非营利组织。

Neville（2011）对 Mitchell 和 Wood（1997）的利益相关者类型划分标准进行了修订与完善，将苛刻型利益相关者重新分类为非利益相关者，形成包括蛰伏型、自由裁决型、支配型、危险型、依赖型、明确型利益相关者的分类模型。

本书则主要依据米切尔评分法对利益相关者进行分类。在此理论的基础上，本书参考陈宏辉（2003）、陈宏辉和贾生华（2004）使用的利益相关者识别方法，对新疆的50位企业高管人员进行实地调研与问卷调查。具体操作流程如下：

首先，要将本书对利益相关者的定义传达给受访者，让他们对利益相关者的内涵和特征有初步的认识。

其次，依据Clarkson（1995）所提出的利益相关者内涵及类别，在我国现实国情的基础上合理设置调查内容，使每个受访者都能准确地选出相对应利益相关者的所属类别。

本次调查的结果如表3-2所示。

表3-2　　　　利益相关者识别的专家评分结果

类　别	所得票数	得票率	类　别	所得票数	得票率
股东	48	96%	大众媒体	24	48%
员工	47	94%	社会公众	23	46%
消费者	50	100%	竞争者	22	44%
政府机构	47	94%	社区	29	58%
债权人	46	92%	自然环境	21	42%
供应商	36	72.5%	非政府组织	8	16%

依据表3-2的调查结果，受访者一致认为消费者、股东与员工属于利益相关者范畴，而不认可非政府组织为利益相关者。如果以得票率的一半（50%）作为评判底线，研究得出消费者、股东、员工、政府机构、债权人、供应商及社区在企业经营中占有

重要地位，因为他们会直接对企业的经营产生影响，通过使用专用性资本投资或通过物质交换方式推动企业的持续发展。鉴于此，本书把股东、员工、债权人以及供应商归为企业的内部利益相关者类别，把自然环境、消费者、政府机构等归为企业的外部利益相关者类别。

（3）利益相关者与CSR

企业与利益相关者互动的概念是企业社会责任理论不可或缺的一部分。将利益相关者概念纳入企业社会责任的定义中，这要求企业就运营活动对利益相关者的影响而负责。企业对利益相关者期望的回应程度表明了社会责任的衡量标准。由于企业代表了多个利益相关者的交集，其在开发可操作的社会责任概念方面经常遇到困难，而分析企业的利益相关者关系则是企业社会责任良好表现的衡量标准。此外，将利益相关者理念融入企业社会责任理论也会为企业带来各种益处，如为企业提供社会责任实践的方向，使企业管理者能够制订企业社会责任活动方案以适应当地环境等。鉴于此，很多学者都提出可以在利益相关者理论框架内研究企业社会责任。

美国匹兹堡大学的Wood教授首次在理论研究上正式将利益相关者理论纳入广义CSR。

Wood（1991）在《再论公司社会表现》一文中指出："弗里德曼的利益相关者观点可以解答企业该为哪些个体或者组织承担责任。"而利益相关者不只是关注自己的利益，还在对企业社会责任的认知和接受程度上对企业社会责任作出不同评价。

Clarkson（1995）指出利益相关者理论可以为企业社会责任研究提供"一种理论框架"。在理论框架中，企业社会责任被明确界定为"企业与利益相关者之间的关系"。利益相关者理论表示企业应该多承担利益相关者的社会责任，还应将社会责任与企业日常经营活动有机融合，指导企业实际的生产经营。

在《可持续发展报告指南》的制定与发布过程中，全球报告倡议组织首要考虑的问题也是利益相关者的利益需求，通过实地调查、互联网调查及定期召开会议等方式来收集更多、更全面的利益相关者的建议与意见。调查对象包括各种性质的企业、各层次的社会群体、公民、员工、投资者、政府及非政府组织等，依照上述各类意见对指南不断完善，以期全面表达利益相关者的诉求。

刘长喜（2009）依据契约理论，指出企业社会责任是各利益相关者之间所形成的契约责任。想要担负此类的责任就要在经济、环境、社会三个方面表现突出，业绩卓越。

企业社会责任自被提出来就一直饱受争议，争议的主要内容是该对哪些利益相关者负责，而不是要不要对利益相关者负责。从早期发展到现在，企业社会责任的内涵在持续不断地完善，越来越多的人了解与接纳它，其中发生变化的只是责任对象所包含的利益相关者群体的扩大：从最初只关注股东利益，到关注环境、社会或者企业社会责任其他维度下的主题。无论企业社会责任的维度如何划分或者如何具体实施，结论就是企业要承担起对各方利益相关者的责任。换句话讲，不考虑利益相关者来研究企业社会责任就是"无本之木"，不具备生命力和现实意义，这说明了利益相关者对于企业社会责任的重要意义。

将利益相关者引入企业社会责任研究有利于解决以下问题：

第一，利益相关者理论的引入使企业的社会责任对象更加明确。企业履行社会责任的对象是划分十分清晰的利益相关者，并非抽象的社会。企业社会责任的早期研究在相关概念界定上虽未达成一致，但明晰了企业社会责任的研究范围。该范围直接取决于社会责任对象的筛选、社会责任内容的取舍、对各方利益要求实现程度的权衡，这三个方面界定了企业社会责任的范围，有效避免了以往企业社会责任的范围不明确或者无限扩大的不足。

第二，利益相关者理论框架对企业社会责任的测量提供了理论架构，测量维度的责任对象明确，评分项目包含具体的责任内容，打分则是根据 CSR 的实际行为表现，既具有严谨的科学性，又具有方便的操作性，这是原有测度方法所不可比拟的。

3.1.2 商业伦理理论

商业伦理理论指出，企业有助于提升社会福利、共同利益，以及在现在和将来以公正、和平和友好的条件共同生活的和谐方式（Mele，2002）。商业伦理理论认为个人价值观驱动企业投资于企业负责任的商业行为。商业伦理之所以具备职业道德的特质，源于它本质上就是一种职业道德，同时被归为一类社会道德，也包含社会道德特质。由于本书关注负责任的企业行为决策背后的动机和困难，商业伦理理论因此可能为该研究提供一个有用的研究观点。

商业伦理主要有两种主要研究方法：社会学方法和道德哲学的方法。

社会学学者认为，相比于道德哲学视角，他们更注重企业应该做什么，因此，关于商业伦理的社会学理论观点有助于理解企业所有者（经营者）具体需要做什么。社会学理论认为，企业需要重新认识自己在社会中的角色，并从规范的角度重新关注自由个体和组织与共同利益二者之间存在的二元论。他们认为这种二元论阻碍了相关研究的进行，抑制了通过相互希望的合作关系而取得的成果，阻碍了公民的自由和责任。

而哲学观点提供了许多理论模型来解释个人在组织中的道德行为，如社会、文化、个人、组织和机会等相关因素都会影响人们的道德决策。

Rest（1986）提出了道德/不道德决策的过程：

首先，确定问题的伦理道德性质（问题识别）；

　　其次，作出伦理道德判断；

　　再次，建立伦理道德意图，有时称为将伦理道德价值置于个人价值之上；

　　最后，参与道德行为。

　　这四个阶段相应地起作用，每个阶段的开始依赖于前一个阶段的完成。

　　Kohlberg（1981）的道德发展理论还对商业道德进行了开创性的补充与完善。他认为道德推理作为道德行为的基础，具有六个可识别的发展阶段，每一个阶段都比前一个阶段更能适应道德困境。这六个阶段具体是：

　　第一，关于顺从和惩罚问题的先前常规水平；

　　第二，关于自我利益问题的超常规水平；

　　第三，关于人际和谐问题的常规水平；

　　第四，与权威有关的常规水平；

　　第五，与社会契约问题有关的超常规水平；

　　第六，与普遍伦理原则有关的超常规水平。

　　这六个阶段涉及三个层次：先前常规的、常规的和超常规的。这三个层次也分别与道义论或功利主义、目的论和道德伦理学理论联系在一起，每一个阶段都可以理解为根据不同的指导原则选定的道德取向。

　　商业伦理理论的目的论提出，判断行为在道德层面上是否正确，是否成为一个道德规范，关键在于它产生结果的好坏。从目的论出发，不计后果的行为是不理智的，因为行为结果是显而易见的，但是行为动机是内隐的，只能猜测。因此，这种理论在道德评价的问题上关注行为产生的结果比较务实。

　　依照对行为结果不同的解释，目的论主要包括利己主义与功利主义两种。

　　利己主义者认为，行为的正确与否，主要看它的产生是否使行为者的效用最大化，且这种行为是否符合道德评判标准。这种观点实质上是以追逐个人私利为最终目标，所有能够提升自我效用的行为都是正当、合理的，而未能考虑对其他人所造成的影响。这并不代表行为者的决策一定会给其他人带来负面效应，对于个体（个人或企业）所作出的有利决策也可能产生正向的外部效应，对一个社区或国家产生有益影响。但是决策者考虑的范围不包括行为者以外的其他人的效用最大化问题。

一般而言，利己主义主要分为短视与开明两大类别。

短视的利己主义眼光短浅，只关注短期内直接的影响结果，而不考虑长远的间接影响结果，最终会造成和原有利益目标背道而驰的后果。

开明的利己主义也被称为合理的自我利益，它将决策行为的短期直接效用与长期间接效用同时纳入决策的范围之内，甚至会考虑二者加总的效用总量。从这个视角出发，开明的利己主义综合考虑了行为者的决策与其他人的相互作用关系，不良的决策反过来也给企业造成负面的效应。如无故延长员工的工作时间来获取短期利润的决定会磨灭员工的积极性和对组织的忠诚度，导致长期损失大于短期收益。重视短期收益可能会支持这一决策，但更加注重长期自我效应的行为者一定会否定它，因为行为者深知在长期内成本与收益的关系。

功利主义者认为，行动的正确或正当性，是以实现全体利益相关者的福利而非自我效用最大化为出发点进行评判，将自我收益与他人效用融合在一起，减少相互之间的冲突，最大限度地实现多数人的利益最大化。功利主义观点指出，行为者要仔细评价各个备选决策，明确其正向、负向效应，最后选择出净效用最大的供选决策。

功利主义可分为行为功利主义和准则功利主义。

行为功利主义关注某一特定行为的最终结果，而准则功利主义关注一系列关联行为所产生的综合结果。依据时间长短，一般从短期视角衡量行为功利主义，从长期视角衡量准则功利主义。在准则功利主义的指引下，一种行为者为实现大多数人的利益而作出相关决策的行为道德规范能够自发形成。若规范中的若干准则会与某项决策产生冲突，就会引发一些问题。因此，从长远来看，在企业决策过程中，更应采用功利主义的观点而非利己主义的观点，因为功利主义的观点将道德与利益决策融合在一起，实现了大多数人利益的最终目标，符合我国的文化道德理念。

3.1.3　决策理论

决策被视为一种理性的、权衡的及有目的的行动，从制定决策战略开始，并贯穿于执行和评估结果等过程之中。决策理论对伦理决策模型来说很重要，因为决策理论是伦理决策的基础。在伦理决策模型产生之前，所有基于思想的结果与行动都是基于决策理论的，决策理论提出具有广泛的可能性的方案供组织使用；根据这些信息，组织可以作出能够取得最佳结果的决策。

根据 Simon（1989）的观点，目标理性意味着行为主体通过以下方式将他的所有行为塑造成一种综合模式：

①在以全景方式作出决定之前查看行为选择方案；

②考虑到每个选择所带来后果的复杂性；

③以价值体系为标准，从整套备选方案中挑出一个。

决策理论是以日常思维为基础进行决策的。常规思维比逐步思维处理得更快，但是它带来了不准确的风险。

决策理论产生的一个普遍而错误的思维过程被称为赌徒的谬论。赌徒的谬论使人们误以为随机事件会受到先前随机事件的影响。例如，抛掷一枚硬币出现正反面的概率都是50%。赌徒的谬论表明，如果硬币以正面着地，下一次它翻转时，它就会以反面落地，好像是"硬币的转向"落在了反面上。这是不正确的，这种谬误很容易在一步一步的思考过程中被反驳（Allen，1977）。

Simon（1959）认为，社会因素会影响并进入个体的行为选择过程。例如在当前的研究中，每个伦理决策模型都包含各种构成要素，这些要素在达到最终决策之前在伦理决策模型的不同时点要进行不同程度的权衡。从这个观点来看，Simon（1989）提出的决策制定过程与 Allen（1977）有所不同，因为理性人要求对未来的结果和每一选择的事件有充分的了解，未来的结果永远无法被完全预测，理性人只能在所有可能的结果行为中选择一种。Simon（1989）的决策模式包括三个步骤：

第一步是情报数据搜集。个人会在自己所处的环境中搜索决策需要的信息。

第二步是通过个人意图和决策发展动向，思考、设计可能出现的过程，然后进行合理分析、设计。

第三步是选择。个人在有限决策条件下作出相关决策，并选择符合自身需求的最优决策。

决策可以是事实和价值的复杂混合体。关于事实的信息，尤其是经验证明的事实或来自专业经验的事实，在行使权力时比价值表达更容易传递。

Simon（1989）主要关注如何通过组织目标和价值观来识别个体员工。"当一个人在作出决定时，他会根据自己对某一特定群体的后果来评价几种选择。"一个人可以认同任何社会、经济、宗教、家庭、教育、政治和体育团体。事实上，团体的数量和种类都是无限的。组织的根本问题是认识到个人和团体目标与价值观能否促进或妨碍组织的正确决策。一个特定的组织必须有意识地确定自己的目标、手段、目的和价值，并以适当的细节和明确的语言来指定说明。

Simon（1989）的研究工作支持这样一个事实，即个人可以对组织作出一个好的或坏的决定的影响因素和可能性是无限的。决策理论提供了一个人如何通过实施和评估一种情况以获得结果的指导原则，这一理论将为伦理决策理论提供基础。

3.1.4　风险管理理论

越来越多的学者认为企业风险管理为企业提供了一种比传统风险管理视角更全面的风险管理方法。企业风险管理是目前管理组织面临风险的基本范式。企业风险管理可以降低企业的总体失败风险，通过采用系统和一致的方法（或过程）来管理组织面临的所有风险，从而提高企业绩效与组织价值。可以说，企业风险管理是一个行业组织为了增加组织对利益相关者的短期和长期价值而对所有来源的风险进行评估、控制、开发、融资和监控的规范。

学者们对整个风险管理系统有很多定义，但其本质是一样的，最引人注目和高度认可的是COSO（2004）给出的定义：企业风险管理是一个持续闭环过程，由企业董事会、管理层和其他人员实施，应用于战略规划与实施以及整个企业经营活动中，旨在识别可能影响企业的潜在风险事件，并将风险管理纳入其风险偏好范围内，为实现企业目标提供合理的保证。

根据COSO（2004）的观点，企业风险管理系统应着眼于实现以下四个目标：

第一，战略：高层次的目标，与该组织的使命相一致并为其提供支持。

第二，运营：有效和高效地使用组织的资源。

第三，报告：组织报告系统的可靠性。

第四，合规性：组织遵守适用的法律和法规。

COSO（2004）提出的企业风险管理的四个目标，扩展了

COSO（1992）所提出的狭义企业风险管理——内部控制框架，并明确将内部控制框架纳入了战略管理目标之中。

美国上市公司会计监督委员会（2007）发布的第五号审计准则也强调了对上市公司的广泛风险管理的重要性。

英国财务报告委员会2005年的报告在制定英国上市公司内部控制最佳实践的同时，重点关注组织风险管理的广义概念。

在企业风险管理框架的发展过程中，COSO（2004）认识到适当的企业风险管理系统可能因企业而异。从本质上讲，COSO为特定组织的适当风险管理系统提出了一种应急观点，但是没有具备完全适应性和普遍适用性的企业风险管理系统。

此外，企业风险管理系统的应急观点与管理控制系统的非程序管理理念是一致的。尽管如此，确定企业的风险管理系统与其战略绩效之间的关系还远非精确、科学的。事实上，没有一个理论框架或模型可以预测影响企业的风险管理与其战略绩效之间关系的关键因素。但根据现有文献，环境不确定性、行业竞争、企业规模、企业复杂性和董事会监督五个因素对理解企业风险管理和企业战略绩效之间的关系至关重要（Gordon等，2009）。

由于影响组织的未来事件越来越不可预测，环境不确定性给组织带来了困难。与企业相关的风险以及对此类风险的适当反应可能会因企业面临的环境不确定性而有所不同。行业竞争是所有组织基本关注的问题。在一个范围内，一个行业内有许多企业生产和/或销售类似的产品和/或服务；企业规模与组织结构之间的关系一直是组织结构理论文献中的主要考虑因素，对采用企业风险管理系统的市场反应与企业规模正相关；更复杂的公司复杂性（商业交易的多样性）可能会导致信息整合程度降低，而组织内的管理控制系统会遇到更多困难；有效的企业风险管理系统依赖于组织董事会的积极参与。

因此，企业必须遵循愿景中设定的目标和任务，并根据目标制定出可行性较高的风险防控目标。企业战略目标是企业发展的指明灯，它为完成既定目标夯实基础，在战略方案制订的过程中，要完全将企业风险偏好纳入其中，使企业的计划收益和企业风险偏好有机地结合起来，企业风险可能由于不同的战略而变得多种多样。将风险管理融入战略制定过程，主要是为了指导管理者制定出与企业风险偏好一致的战略。管理者在各业务部门间分配资源时应考虑企业的风险偏好和各个业务部门为取得预期的收益率所采用的战略。

3.2　核心概念界定

3.2.1　战略风险

战略风险是组织战略管理尤其是危机管理的一个核心概念。

从企业战略层面来看，Aron 等（2005）认为战略风险是企业的战略自身风险（环境分析、方案选择与实施等过程所出现的风险）的加总。

孙慧和程立（2012）则将战略风险定义为战略实施结果与预期目标之间的差异，实施结果会随着外部环境条件的变化而变化。

谢康等（2016）认为在战略转型、实施与控制过程中对企业战略绩效产生负面影响的各类风险为战略风险。

从风险理论层面来看，Pates（1992）认为战略风险是企业整体经营成果遭受损失的不确定性，可以从损失的可能性、损失的程度及损失发生的概率三个方面进行分析。

张晓昱等（2014）则认为战略风险不仅包括经济利益损失，也包括非经济利益损失，企业在行业中绩效综合排名降低的可能性被称为战略风险。

先前战略风险的研究通常在财务研究视角下使用单维度进行测度。但一些学者认为，由于战略风险的操作过程的复杂性以及所含内容的广泛性，战略风险应该使用多维度进行测度。如Simons（1999）从商业管理的角度将战略风险归结为四大类：运营风险、资产风险、竞争风险和商誉风险。巫英和向刚（2012）基于属性测度理论，识别出战略环境风险、内部资源风险、战略能力风险三个战略风险的测量维度。

基于企业战略与风险两个视角，本书认为企业通过发展战略追求竞争优势，将会面临可以预期及意料之外的战略风险。换句话说，许多战略问题基本上存在于不确定的状态中，而战略风险（和其他业务风险）可能随着目标的实现而出现。因此，本书将战略风险定义为：

企业的资源基础构成、战略决策能力的提升不能匹配外界环境动态变化所导致的竞争优势的丧失，继而影响企业的盈利能力及长期发展，导致最终的战略目标无法实现。

此概念内涵包括下述三层含义：

其一，表达了风险能带给企业负面影响的基本观念；

其二，涵盖了引起战略风险出现的内外部各类因素及其相互作用的影响；

其三，体现出了战略风险的特征，即它能够引起企业战略目标的最终实现，包括企业财务性战略目标及非财务性战略目标。

3.2.2　企业社会责任

企业社会责任作为测量各企业对追求经济效益与社会发展方面的理解偏差的概念，在企业管理及社会治理等相关研究领域具有广泛的应用。企业社会责任与企业慈善行为、可持续发展等概念具有异曲同工之处，但企业社会责任包含的范围更为广泛，实施效果也更全面、显著。

Carroll（1979）将企业社会责任定义为"社会在某一时点上对组织的经济、法律、伦理和慈善期望"的术语。

周祖城（2011）基于利益相关者理论，指出企业对社会整体负责，通过履行经济责任、文化责任、技术责任等方式促进企业对社会的正向影响，从而使社会变得更和谐。

崔丽（2013）认为企业在创造利润的同时要守法经营，在对股东负责的同时也应承担增进利益相关者利益和社会公共利益的责任。

先前对企业社会责任的研究主要依据 Carroll（1979）的金字塔模型所包含的四个维度进行分类。Elkington（1998）则依据经济、社会与环境三个方面发展的可持续性，提出了可以从经济、社会与环境三个层面对社会责任进行衡量的三重底线理论。而随着利益相关者理论、企业公民理论的兴起，一些学者开始从利益相关者视角对企业社会责任进行研究。例如，Carroll（2000）认为可以从内部和外部社会责任两个层面展开研究；Gallo（2004）则对内外部社会责任的维度进行了进一步的实证检验。

通过对国内外企业社会责任的研究进行归纳与总结，本书认为，企业社会责任是一个不断丰富与完善的责任体系，随着时代的发展，其内容也在不断地演化与扩展。在全球可持续发展理念的普及下，可以说，它应该是一种融合了可持续发展的责任理念，不仅对各类利益相关者负责任，而且责任分配明确，不能厚此薄彼。总体看来，它的根本目标是实现经济、社会与环境的和谐与稳定发展。

本书结合 Carroll（1979，1999）的定义与利益相关者理论，得到如下定义：

企业社会责任是指企业以经济责任、法律责任、伦理责任和慈善责任为基础，通过满足所有利益相关者（具体包括对投资者和员工等内部利益相关者以及消费者、商业伙伴、自然环境、社区和政府等外部利益相关者的责任）的利益需求，实现企业与社会的可持续发展、和谐共生。

从上述企业社会责任的定义可知，它包含了以下三重特征：

首先，指明了 CSR 履行的内容，包括了经济、法律、伦理与慈善责任等；

其次，明确了 CSR 的履行对象，不仅包括企业内部的利益相关者，还包括外部的利益相关者；

最后，阐释了 CSR 要达到的目标，即实现企业与社会的和谐发展。

3.2.3 伦理决策

在战略制定、风险控制等研究领域，伦理决策是个举足轻重的变量。之前的研究主要从个人层面与组织层面对伦理决策进行界定，但从组织层面对其进行定义的研究成果较少。

Kouzes 和 Posner（2007）认为，伦理决策由一定的手段与目标构成，其中，手段是现在对于事情应该如何完成的信念，目标是我们渴望达到的长期愿景。

金杨华等（2016）认为，伦理决策是在伦理准则及履行伦理行为的信念基础上决策者所进行的决策过程。其不仅受到决策者伦理道德水平的影响，也会受到决策者的潜在心理认知的影响。

英国商业伦理研究院认为伦理决策的内涵较为丰富，它是决策者对伦理道德、伦理感知的判断与信念，可以从透明度、效果和公平三个方面对其进行判别。

伦理决策的测量主要采用问卷调查法及情景实验法等，维度划分上则基本使用多维度指标。Wu（2002）将伦理决策分为个人伦理决策与企业伦理决策两个维度，其中个人伦理决策部分包括 14 个题项，企业伦理决策部分包括 15 个题项。许婷婷（2014）将伦理决策机制划分为伦理导向的决策机制（包含 4 个题项）和经济导向的决策机制（包含 3 个题项）。田虹和王汉瑛（2015）归纳与总结了以往学者的相关研究，总结出 55 个伦理困境场景的适用场合及其具体的使用情况。

通过对上述研究成果的吸收借鉴，本书认为：

凡是包括伦理问题的决策行为都是伦理决策，即决策者在结合内外部环境的基础上，依据自身信息及道德水平，以社会与企业最大程度的耦合发展为目标，对所面临的决策方案作出最优选择的过程。

这个定义包括以下几点内容：

第一，决策需要考虑企业的内外部环境状况；

第二，决策会受到决策者的信息量及道德水平的影响；

第三，决策的目标是促进企业与社会的和谐发展；

第四，决策是一个复杂过程，需要对各种方案进行评估与比较，得出最优答案。

依据商业伦理理论的目的论，本书将企业伦理决策分为功利主义决策和利己主义决策两类。

企业在作出自己的决策时，优先考虑社会大众的利益，即企业在获利的同时努力提升社会福利，不仅对股东等利益相关者的利益诉求作出回应，也会及时满足社会大众对企业的社会期望，这是功利主义决策。

企业的决策仅限于追求利润的最大化，而不顾对他人的利益损害；企业的管理决策不遵循社会的伦理规范和道德标准，伦理意识薄弱；在决策制定时仅仅考虑不违背法律，认为企业履行社会责任与谋求利润最大化相悖，这是利己主义决策。

3.3　理论框架

通过分析与总结有关战略风险、CSR 与伦理决策的研究成果，并基于前文所描述的研究现实背景与战略风险管理理论的缺陷，本书认为具体分析不同的伦理决策机制下 CSR 对战略风险的影响，探讨 CSR 作用于战略风险的路径，达到最大限度地降低战略风险的目的，在理论发展与实践创新上都具有十分紧迫与重大的研究意义。

风险管理理论认为，由于企业要处理来自内外部利益相关者的压力，而且在企业战略决策的过程中，企业要对收益、声誉等进行综合考虑，所以导致企业战略风险产生的因素有很多。这也在一定程度上决定了战略风险四个维度之间具有相互区别又相互关联的关系。鉴于此，企业在战略决策过程中需要对四种战略风险进行权衡，进而合理有效地降低四种战略风险的研究就变得非常复杂。孙慧和程立（2012）认为，如果企业的外部环境压力、内部资源、能力优势之间的动态匹配出现问题，那么就会引发战略风险。因此，如何解决内外部利益相关者带来的压力以及战略决策的伦理考量是有效规避战略风险问题的关键所在。

首先，解决内外部利益相关者的压力方面的问题。利益相关者理论指出，由于企业存在于社会之中，必然会与各方利益相关者打交道，若各方关系处理不当，则会产生战略风险。因此，通过履行社会责任，缓解各方利益相关者所带来的压力是企业削弱战略风险的关键所在。

虽然 Brammer 和 Milling（2004）指出，企业履行社会责任需要花费一定的成本，这不利于企业效益最大化目标的实现，但 Flammer（2013）、杨皖苏和杨善林（2016）认为，履行社会责任所带来的声誉资本及社会经济效应远大于所花费的成本。

因此，企业需要合理分配资源，正确处理与内外部利益相关者之间的关系，这是缓解企业内外部压力、规避战略风险的重要途径。

其次，增加战略决策的伦理因素考量，突破传统上只考虑效益的决策模式。决策理论认为，企业在决策过程中具有自我加强的意识。企业会依据自身管理理念及结构特点，在决策者决策心智模型的影响下，形成一种固定的决策模式，与此模式无关的因素将不予考虑（March，1991）。因此，随着可持续发展及商业伦理道德等观念的普及，企业往往无法适应环境变化，在战略决策中出现决策失误、道德败坏甚至自取灭亡的行为。因此，将伦理决策纳入企业的战略规划中，在战略制定过程中将更多的伦理因素融入其中，也是有效规避战略风险的途径之一。

最后，构建完善的战略风险防控体系。

杨华江（2002）指出，战略风险的防控体系不完善是我国企业现存的重要问题之一，如何结合企业资源、能力优势，应对内外部环境变化，增强战略规划及制定的科学性与前瞻性，仍需要作进一步的探究。

Elena和Richard（2013）认为，构建企业收益控制系统、成本控制系统及风险控制系统三个方面的风险防控体系，是一种重要的协调机制，能解决子模型之间以及集群内的复杂交互作用所产生的风险。

贾敬全和卜华（2014）基于CSR理论构建了风险管控模型，认为企业履行社会责任能有效规避战略风险、经营风险、环境风险及财务风险。这些风险与企业内外部利益相关者都有密切的联系，因此，企业决策者制定此模型并执行贯穿于企业运营过程之中，降低各类战略风险的产生。由此可以看出，将CSR、伦理决策与战略风险防控放入同一理论框架进行分析具有重要的现实意义。

综上所述，本书以 CSR（内部利益相关者责任与外部利益相关者责任）为自变量，以伦理决策（功利主义决策与利己主义决策）机制为调节变量，来研究内部利益相关者责任与外部利益相关者责任通过伦理决策机制对战略风险的影响效应（如图 3-2 所示）。

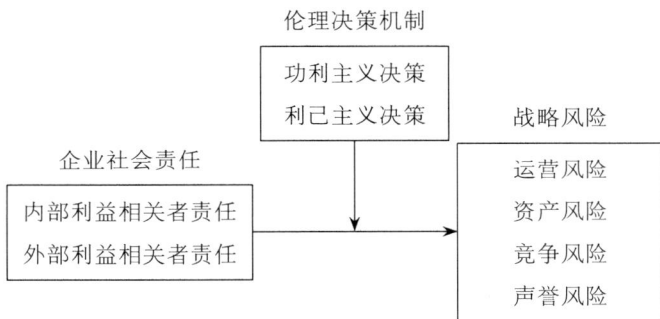

伦理决策机制

功利主义决策
利己主义决策

企业社会责任

内部利益相关者责任
外部利益相关者责任

战略风险

运营风险
资产风险
竞争风险
声誉风险

图 3-2　理论框架图

概括来讲，研究理论框架主要包括以下三个方面：

其一，深入分析不同利益相关者责任对战略风险的影响。在面对内外部环境压力的环境中，企业积极履行内外部利益相关者责任是否能够有效降低不同企业的战略风险，从而有效规避战略风险；不同的内外部利益相关者责任活动对战略风险的影响是否具有差异性。

其二，区分战略风险的不同维度，探求 CSR 影响战略风险的具体作用路径。本书通过区分战略风险四维度（运营风险、资产风险、竞争风险及声誉风险），分析不同社会责任的作用效果。

其三，探讨不同类型的伦理决策机制在 CSR 作用于战略风险的过程中的调节效应。本书分析功利主义决策与利己主义决策对 CSR 与战略风险之间关系的调节作用，探索有效使用 CSR 规避战略风险的边界条件与途径。

3.4　研究假设

3.4.1　企业社会责任与战略风险的关系

企业与利益相关者建立良好的关系，对企业扩大市场、赢得机遇起到正面作用，从而预防战略风险。企业对利益相关者履行责任是企业与其建立良好关系的重要手段。本研究主要从利益相关者的视角出发，将企业社会责任分为内部利益相关者责任和外部利益相关者责任两个维度。其中，内部利益相关者包括员工、股东和经营者三个要素，外部利益相关者包括消费者、合作伙伴、政府和社区四个要素。企业战略风险被划分为四个维度：运营风险、资产风险、竞争风险和声誉风险。企业社会责任与战略风险的关系假设具体分析如下：

（1）内部利益相关者责任与战略风险的关系

企业积极对内部利益相关者履行社会责任有助于与他们建立良好的内部关系，获得更多的资源投入（Choi & Wang，2009），如人力资源、组织资源、企业声誉等稀缺的竞争性资源（Vilanova et al.，2009）。这些稀缺资源作为企业实现可持续发展的重要因素，能够对企业规避战略风险产生积极的影响：

一方面，积极承担社会责任有助于企业组织能力的提升，同时能够增强企业自身抵抗和规避风险的能力，降低各类不同的运营风险。企业承担对内部利益相关者的责任有助于其建立与内部利益相关者的良好关系，引导内部利益相关者扩大投资、增进凝聚力等积极行为，降低各种风险因素的影响。

另一方面，建立的坚实的关系资产属于企业重要的无形资产，有助于企业提升规避环境变动所带来的风险的能力。

Neubaum 等（2012）指出履行内部利益相关者责任对企业财

务绩效的影响是非常显著的，当他们关注外部自然环境责任时，能够受益更多，并通过有效利用内部利益相关者的权力，获得市场竞争优势，减少竞争风险与财务风险。

企业积极承担社会责任所形成的"道德资本""信誉资本"，能够对企业起到重要的保险功效（Godfrey，2005），降低风险事件对企业的破坏程度（Karen & Marc，2005），最大限度地削弱风险对企业造成的不利影响。

Bouslah 等（2016）研究发现，履行社会责任确实能够帮助企业降低风险，尤其是在发生金融危机后，良好的 CSR 对企业声誉风险的降低作用更为显著。

以上论述充分说明积极履行 CSR 能提升企业获得竞争优势的能力，增强防御风险的能力，减少经营风险发生的概率，有利于企业长期发展。

诸多基于内部利益相关者责任的研究也为此提供了多方面的证据。

基于员工责任的研究显示，影响企业生存与发展的最重要资源之一是员工，企业的可持续发展离不开员工的辛勤工作与坚定信念，企业员工的工作主动性与积极性对企业的长期发展起着决定性的作用。

李维安等（2014）认为，在雇主与员工之间的契约关系中，雇主依法享有经营领导与价值索取权，员工则按照契约规定，付出一定的劳动与时间而获得相应的工资。但是，目前作为企业人力资本的个体的员工，在企业中的作用及地位显得愈加重要，企业履行员工社会责任有助于降低企业的声誉风险。

匡家庆（2013）通过实证分析得出，员工的工作满意度对离职率产生一定的影响，工作满意度越高，离职率就会越低。企业践行对员工的社会责任有助于增进员工的工作满意度，有效降低企业员工的离职意愿。

由此可以发现，企业切实履行对员工的责任，并主动关注员工的生活、工作环境，可以有效地避开核心员工流失等问题，避免竞争风险发生（李楠和朱辰昊，2007）。

此外，企业对员工积极履行相应的社会责任，可显著提升员工的工作效率、工作满意度以及企业应对外部风险的能力。由于员工的工作满意度比较高，这可以提升他们的工作积极性，使他们在为顾客服务时更加投入，培养更多的忠实顾客，使企业能更好地应对经营风险（Godfrey，2005）。

基于经营者责任的研究显示，经营者是企业的实际管理者，他们的努力程度决定着未来企业的发展。企业对经营者履行适当的责任，能够有效地满足他们的需要，与他们之间建立良好的氛围和友谊，树立较好的企业形象，减少企业的运营风险与声誉风险。

我国学者杨艳和兰东（2015）认为，企业履行对股东、经营者等内部利益相关者的责任能降低企业的特有风险。

Daniel 等（2012）证实，通过与内部利益相关者的互动交流，可以有效传达企业的有效信息，提高企业的声誉资本，拓展品牌形象，减少因声誉较差而造成的企业声誉风险。

履行社会责任能有效地使管理者树立战略性的思维，预防管理者在工作中只顾眼前利益，增进企业对风险的防御能力和管理运用能力，使企业能够有效地化解各类风险，降低风险对组织的不利行为，使企业能够在激烈的市场竞争中保持自己的优势。

基于股东责任的研究显示，股东是企业的重要投资者与决策者，也是企业最根本、最关键的利益相关者。

获得股东的权益资本、维护股东的正当收益是企业开展一切经营活动的基础。企业不仅需要为股东创造更多的财富，维护股东的合法权益，更应该从根本上保证企业的资产不被吞噬，尽可能地降低资产贬值的风险（黎友焕，2010）。

企业要对高层管理者进行监督与约束，保证由股东授予的管理权力被正当使用，避免滥用职权行为的出现，防止企业内部的利益与股票资产进行非法交易，确保企业经营过程的合理性与透明性，防止运营风险的发生（Graafland & Eijffinger，2004）。

有相关研究发现，企业更积极地履行社会责任可以获得更多的投资者资源，这些资本为企业运营提供了充足的资金（Cheng et al.，2014），有效地减轻了企业的融资困难，提升了企业内部的流动资本利用效率，有效降低了企业风险。

因此，本书提出以下假设：

H1：企业履行内部利益相关者责任能显著降低战略风险。

H1a：企业履行内部利益相关者责任能显著降低运营风险。

H1b：企业履行内部利益相关者责任能显著降低资产风险。

H1c：企业履行内部利益相关者责任能显著降低竞争风险。

H1d：企业履行内部利益相关者责任能显著降低声誉风险。

（2）外部利益相关者责任与战略风险的关系

国际学者在研究企业社会责任的相关问题时，将其明确地定义为：企业在法律允许的范围内，在追求自身经济效益最大化的同时，应该考虑到部分利益相关者的想法，将企业自身与利益相关者的利益相结合。这样一方面可使企业获得许多优势资源，另一方面可使企业在获得自身发展的同时为社会谋取更多的福利。所以，企业积极践行对利益相关者的责任，不仅可以在内部满足利益相关者的需求，同时可以在外部与他们建立很好的关系，实现企业内部与外部人员的协调发展，为企业自身长期发展营造更好的环境，尽可能降低外部风险的发生率。

Godfrey（2005）从风险管理的视角认为企业积极从事慈善捐助活动能够使企业获得良好的声誉，从而获得许多外界道德性资源的投入，而这种作为企业特有的无形资产的道德资本，对企业财富积累同样有着"保险"的防护功能。一旦企业陷入负面事件的影响之中，可以防止同类别无形资产的丧失，也能够削弱和减少利益相关者对企业的误解与惩罚，有效防止企业在现金资本方面发生危机。

随着时间的推移，Godfrey（2009）从实证视角对该理论模型展开进一步的验证，结果发现当企业遭受负面事件时，收益下降缓慢、价值损伤较少的企业的社会责任履行程度会更高，这在一定程度上说明处在风险环境之中的企业的社会责任活动具有"保险"功能，有利于提升企业抗击风险的能力。

Salama 等（2011）、Cal 等（2015）着重探究了企业履行对外部的环境责任与企业资本市场风险的关联，得出企业积极履行环境责任有利于提升内外部利益相关者对企业的认同感与满意度，进而获得良好的形象与声誉资本；这反过来会降低环境问题所造成的现金流变动问题，抑制企业的资本市场风险。

但是，Cai 和 Xu（2015）的研究还发现，在不同的行业内企业的环境责任活动与资本市场风险的关联度也不同，比如在高耗能、高污染的制造业与低投入、低污染的服务业，前者对自然环境的危害更大，造成的生态恢复工作更棘手。因此，制造业积极开展环境责任活动能够降低企业的资本市场风险，而服务业履行环境责任则会有相反的结果。

基于外部利益相关者责任的研究也为此提供了多方面的证据。

基于消费者责任的研究表明，消费者是企业的"衣食父母"，消费者的口碑与选择是企业衡量其产品是否成功、市场占有率是否合理的重要评价标准。

魏升民（2013）基于消费者主权理论研究了消费者与企业之间的关系，指出作为企业重要外部利益相关者的消费者，通过体验与评判企业的产品与服务，行使"货币选票"的自由抉择权，企业所获得的"货币选票"数量决定着企业发展的潜力。

自觉开展社会责任活动并一贯坚持的企业一定能获得更多消费者的认可与青睐，这是因为随着社会责任理念的普及，消费者会对积极履行社会责任的企业道德评价与满意度更高，形成企业具有竞争优势的声誉资本，提升顾客的信任度与忠诚度，最大限度地降低市场激烈竞争环境下的顾客流失率（Krasnikov et al.，2009），并能够有效回应市场竞争者的冲击，削弱企业经营收入的波动风险（Aguilera et al.，2009）。

同时，外部利益相关者责任的有效履行能得到消费者的信任，提升企业的社会声誉与形象（Mohr & Webb，2005），同时促使消费者形成与企业共同的价值观（Bhattacharya & Sen，2003），从而有利于企业的可持续发展；反之，那些不履行外部利益相关者责任的企业最终将被消费者所放弃，无法在市场上与竞争者抗衡而逐步退出市场（黎友焕和陈小平，2011）。

此外，处在强有力的买方市场环境下，市场竞争程度不言而喻。随着产品生产供应链条的延伸，消费者不仅关注产品自身的质量与性能，对企业的原料购买、产品生产等流程也提出了更高的要求。企业要时刻听取消费者的呼声与利益诉求，精准履行对消费者的社会责任。一旦企业风险来临，消费者依据其对企业产品的偏好及认同度，很大程度上将其归结为偶然性问题，甚至通过购买产品与口碑宣传给予企业更有力的支持。

基于合作伙伴责任的研究表明，企业的商业伙伴一般是指与企业经营活动往来密切的合伙人、供应商、经销商等。其中，供应商和经销商都与企业联系十分紧密，他们不仅为企业生产提供必要的原料，同时有助于企业产品的开发、营销和售后服务工作。企业在与供应商和经销商进行联系时，若以平等的身份对待他们，有利于双方实现诚信互依的良好局面，也可更好地激励他们认真为企业供应和销售更好的原料与产品，这样企业的产品在市场竞争中将更具竞争力，同时有利于降低企业的经营风险。

对于企业来说，若存在潜在风险因子，将很大可能在未来诱发企业风险（夏喆和邓明然，2006）。企业的潜在风险既来自企业本身，也有可能来自外部。由于市场经营环境的不确定性较高，而且企业风险一般隐蔽性较强，企业很难在一定时期内预测企业全部可能存在的风险。所以，一旦企业外部的风险爆发，企业内部的资产将受到严重损害，而企业通过履行社会责任与供应商、经销商建立的合作关系能帮助企业在无法预料的外部风险爆发时，得到供应商、经销商尽可能的援助，这样不仅可以保证企业的正常经营活动，同时可以减少外部冲击造成的损失，全面降低企业经营风险。

基于企业与政府的相关研究发现，企业与政府之间建立的关系具有多样性与不确定性。政府作为特殊的外部相关群体，在与企业建立关系中一般处于领导地位。政府是许多规则的制定者，同时时刻监督企业的生产经营行为，时刻提醒企业遵守法律和市场规范，很好地保护了企业的其他利益相关者。因此，企业为了在市场经营活动中获得更多的利润，通常要与政府建立更深层次的关系，时刻保持与政府之间的交流和沟通，关注其方针、政策，积极帮助政府解决赈灾、失业救助、失业率高等社会问题。同时，企业要提高对政府各项政策的理解力，及时、准确地传递和解读政府信息，不能随意歪曲政府的政策，导致企业失去投资和发展的机会。

现有研究表明，一般在经过重大事件如金融危机、次贷危机等之后，各企业会加强对政府政策的关注，同时它们在解读政府政策时会更加谨慎。因此，企业通过对政府政策的学习，将在很大程度上帮助自身对政府政策的理解，有助于企业抓住投资机会，有效避免经营失误。部分企业因为违法经营，可能会受到政府的严厉制裁，这将在很大程度上有损企业在公众心目中的形象以及在政府方面的公信力；同时，企业还有可能遭受巨额的经济损失，这很可能使企业陷入沉重的债务危机，最终使企业经济资产严重受损（Evans，1995）。

企业与社区关系的研究表明，企业的一切活动均要在社区中展开，它作为社区中重要的组成成员，与社区紧密联系在一起（黎友焕，2010）。在企业与所在社区的关系探讨中，管理大师Harold Koontz（1995）在其所编写的《管理学》一书中明确表示："企业应该积极与它所在的环境以及所在的社区紧密联系在一起，对其所处的环境要能及时感知，并作出适当的反应。企业应该积极参加社区活动，关心社区成长，成为社区的重要力量。"因此，企业可通过一系列措施来加强与社区之间的关系，如在社区开办学习培训班，为他们请专业的老师；帮助建设社区内的基础设施；积极参与社区内的慈善捐助活动，关心社区内的留守儿童和孤寡老人，设立专项基金；积极参与社区医疗卫生事业的改革工作；关心社区的每一位成员，努力与他们建立良好的合作关系；积极为社区的发展献计献策，同时提供必要的人力、物力和财力支持。

一些学者研究得出，履行社区责任可以提高企业盈利能力，增强企业应对市场风险的能力。

Cornwell和Coote（2005）研究发现，企业积极参与社区的慈善捐助活动，将在很大程度上增强企业的品牌影响力、美誉度，提升顾客群体对企业活动的认可度，使企业在市场经营过程中能够更好地亲近消费者，维护企业在市场中的地位。

Pfeffer和Salancik（2007）的研究也得出，企业积极履行对社区的责任，将有助于企业降低成本，扩大规模，拥有更多的消费市场。

Neubaum 等（2012）指出，企业积极对内外部与企业相关的人员承担必要的责任，可以显著提升其经营绩效。当企业关注外部自然环境责任时，能够受益更多，并通过有效利用内部利益相关者的权力，获得市场竞争优势，减少竞争风险。

因此，本书提出如下假设：

H2：企业履行外部利益相关者责任能显著降低战略风险。

H2a：企业履行外部利益相关者责任能显著降低运营风险。

H2b：企业履行外部利益相关者责任能显著降低资产风险。

H2c：企业履行外部利益相关者责任能显著降低竞争风险。

H2d：企业履行外部利益相关者责任能显著降低声誉风险。

3.4.2 企业伦理决策的调节效应

通过对以上相关研究的论述，本书基于商业伦理理论的目的论及决策理论，深入研究企业在作每一项决策的同时是否将重要的伦理问题考虑在内。因此，本书将企业伦理决策分为功利主义导向和利己主义导向决策。

近些年来，有关企业伦理决策的行为方面的探讨受到了很多学者的重视，他们一致认为企业的决策行为不仅会受市场环境（如企业资源与投资机会）的影响，更为显著的是它还会受管理者个人决策行为的影响。这种影响作用尤其在企业高层管理者身上十分突出，原因是，企业的高层管理者作为企业伦理决策的重要人员，他们个人的决策方式或想法将会显著、直接地影响企业的生产经营行为。甚至有少部分学者提出，企业高层管理者的个人决策行为有时比企业所拥有的资源以及外部的市场环境对企业经营的影响更为重要（孙丽君和蓝海林，2008）。

Godos-Díez 等（2016）指出利己主义决策对 CSR 的履行起着十分重要的作用。关注产出与绩效最大化是企业的最高指导原则，在实现自身利益的同时全社会的福利自然也会实现，这是利己主义决策的基本表征。在利己主义决策机制的指导下，企业会忽视对环境的保护，损害消费者的权益等，引起外部利益相关者的不满与抵制，使企业陷入失信于社会公众的巨大风险之中。同样，在利己主义决策机制下，企业不注重为员工提供良好的生产环境，忽视劳动健康与安全保障，践踏人权，降低了员工对企业的认同度与工作满意度，而员工离职带来了运营风险。

O'Rourke（2003）指出，当企业没有充分思量和有效治理利己主义决策机制所带来的各类风险时，虽然投资者获得了丰厚的投资回报，但迫于社会压力与长远发展战略的考虑，会降低对企业的投资力度，紧缩资金链条，最后导致企业倒闭的风险。

由于企业的利己主义决策机制和企业的社会责任存在一些差异，我们可以推断出，企业的利己主义决策机制可能会削弱社会责任对战略风险影响。

因此，本书提出如下假设：

H3：利己主义决策作为调节变量，将调节内部利益相关者责任与规避战略风险之间的关系。

H3a：利己主义决策作为调节变量，将调节内部利益相关者责任与规避运营风险之间的关系。

H3b：利己主义决策作为调节变量，将调节内部利益相关者责任与规避资产风险之间的关系。

H3c：利己主义决策作为调节变量，将调节内部利益相关者责任与规避竞争风险之间的关系。

H3d：利己主义决策作为调节变量，将调节内部利益相关者责任与规避声誉风险之间的关系。

H4：利己主义决策作为调节变量，将调节外部利益相关者责任与规避战略风险之间的关系。

H4a：利己主义决策作为调节变量，将调节外部利益相关者责任与规避运营风险之间的关系。

H4b：利己主义决策作为调节变量，将调节外部利益相关者责任与规避资产风险之间的关系。

H4c：利己主义决策作为调节变量，将调节外部利益相关者责任与规避竞争风险之间的关系。

H4d：利己主义决策作为调节变量，将调节外部利益相关者责任与规避声誉风险之间的关系。

企业的功利主义决策机制也期望获得经济利益，但同时会创造一种支持社会公益与伦理道德的组织氛围，鼓励企业尝试和探索多种方法来满足内外部利益相关者的需求，并在满足利益相关者的需求中完成良好形象的塑造与声誉培养（Zhu et al.，2014）。

功利主义决策机制渴求以合乎道理与理性的手段去解决企业在生产经营过程中遇到的各类风险。由于功利主义决策具有系统与利他的特征，这与社会责任特征有一定的相似之处，部分研究者将实用性主义与伦理性主义的决策相结合来重点研究社会责任与企业经营战略的关系（Hemingway & Maclagan，2004）。

但不管学者的视角是什么，企业履行内外部利益相关者的责任是影响其战略风险态度和行为的重要因素，可以推断功利主义决策机制在促进企业履行社会责任的同时有效抑制战略风险的程度。

从社会责任对有关道德的、伦理的标准和限制来看，Kim等（2012）认为社会责任需要企业在从事市场经营中遵守市场规则，诚信守法，遵守道德底线。所以，企业在伦理方面为自己制定更高的社会责任标准，将在很大程度上约束管理人员正确地做事情，防止他们在经营中出现违纪违法行为。

　　此外，企业对社会承担相应的责任，这将使其自觉地接受有关部门的检查；企业也会及时向有关部门披露自己的社会责任信息和会计报表信息。

　　Shafer（2015）认为企业决策者的个人行为也会显著受到社会责任的影响。具体来看，当企业的社会责任的道德氛围比较浓厚时，管理者会明显减少他们的不理性与不道德的工作行为。企业越重视道德规范，一般就越重视企业社会责任，这能有效地帮助企业形成诚信、公正、正直的企业价值观，对管理人员的行为产生很强的约束力，同时有助于员工遵守职业道德和诚实守信的美德；企业本身也将与利益相关者建立更好的关系，有助于提升自身的声誉资本与道德资本，使企业在公布自身社会责任履行信息时更加客观、可靠，有助于提升企业社会责任报告的可信度，降低企业被处罚的风险。

　　企业社会责任行为可以使企业更愿意与利益相关者相互沟通，增强企业伦理决策的道德性以及合法、合规性。企业的社会责任感越强，其越喜欢与其他方沟通，同时在作决策时积极考虑其他方的利益，这样可以增强他们对企业的信任，有效降低企业的经营风险。由此，积极履行社会责任，有益于提升企业伦理决策信息的质量，使得企业的决策更加真实可靠，提高信息的公开度与透明度，有效抑制企业的经营风险。

　　因此，本书提出如下假设：

　　H5：功利主义决策作为调节变量，将调节内部利益相关者责任与规避战略风险之间的关系。

　　H5a：功利主义决策作为调节变量，将调节内部利益相关者责任与规避运营风险之间的关系。

　　H5b：功利主义决策作为调节变量，将调节内部利益相关者责任与规避资产风险之间的关系。

　　H5c：功利主义决策作为调节变量，将调节内部利益相关者责任与规避竞争风险之间的关系。

H5d：功利主义决策作为调节变量，将调节内部利益相关者责任与规避声誉风险之间的关系。

H6：功利主义决策作为调节变量，将调节外部利益相关者责任与规避战略风险之间的关系。

H6a：功利主义决策作为调节变量，将调节外部利益相关者责任与规避运营风险之间的关系。

H6b：功利主义决策作为调节变量，将调节外部利益相关者责任与规避资产风险之间的关系。

H6c：功利主义决策作为调节变量，将调节外部利益相关者责任与规避竞争风险之间的关系。

H6d：功利主义决策作为调节变量，将调节外部利益相关者责任与规避声誉风险之间的关系。

而在一个企业中，并非所有的管理者都拥有相同的伦理道德、知识认知与心智模式。在一个企业伦理决策机制中，一般来说功利主义决策与利己主义决策是共存的，但由于我国集体主义思想盛行，在决策过程中大都采取少数服从多数的原则。同时，我国是一个礼仪之邦，注重诚信经营，反对唯利是图。《论语》中"人无信不立"就是要求建立诚信观念，"仁者爱人""己所不欲，勿施于人"等传统的中华美德早已深入人心。企业管理者大都怀有仁爱之心，能够关心组织内外的弱势群体，在组织中勇于追求组织内部与社会的公平与正义，创造和谐友爱的工作氛围。企业在实现自身价值的同时，有权利、义务和责任为社会发展作出自己的贡献。因此，我们认为，在企业功利主义决策与利己主义决策共存的条件下，功利主义决策的影响仍会大于利己主义决策的影响，二者与社会责任三项交互作用，仍会在一定程度上降低企业的战略风险。

基于上述分析，本书提出如下假设：

H7：内部利益相关者责任、功利主义决策与利己主义决策三项交互作用，将调节企业社会责任与规避战略风险之间的关系。

H8：外部利益相关者责任、功利主义决策与利己主义决策三项交互作用，将调节企业社会责任与规避战略风险之间的关系。

第4章 问卷设计与量表开发

4.1 问卷研究方法及内容

4.1.1 问卷设计方法及原则

问卷是一种重要的调查研究工具，是指围绕要研究的话题，通过设计一系列问题或态度陈述来获得被调查者的想法或态度，并将其转化为研究变量的测量值。

问卷调查具有很多优势：

第一，在较短时间内获得大量的信息，并且信息搜集成本较低；

第二，信度和效度受问卷发放方式的影响较小；

第三，问卷结果通过相关的软件可较快获得；

第四，相关假设或新构建的理论可以通过问卷获得有效检验等（Jack & Clarke，1998）。

因此，本研究综合借鉴已有学者的做法，用问卷调查的方式来获取本研究所需要的数据。

在设计调查问卷之前，要充分考虑调查研究的目的是什么，要回答什么问题，能否获得有效信息（Murray，1999）；同时，要考虑调查问卷设计的伦理问题，避免受访者尴尬，多为受访者考虑，获取受访者的信任，从而得到受访者的真实信息。

调查问卷主要借鉴国内外已成熟的量表进行设计。这是因为：

第一，新开发的问卷很难保证信度和效度；

第二，在调查过程中可节约更多的时间和资源，还可与以往的研究作比较；

第三，提升研究结论的权威性。

但采用已成熟的量表也存在诸多问题。已有的问卷通常是基于特定的文化背景开发的，尤其在采用国外量表时，由于中外文化的差异，该量表不一定适合中国的场景。除了问卷使用的背景存在差异外，当研究中加入新的变量时，研究者设计新问卷要多考虑研究的实际情况。

本书的变量主要包括企业社会责任（内部利益相关者责任与外部利益相关者责任）、伦理决策（功利主义决策与利己主义决策）、战略风险（运营风险、资产风险、竞争风险及声誉风险）等，已得到学者们的广泛研究，并开发了相关量表，这些量表经过了多次使用和检验，信度和效度均比较高。然而，本书所涉及的企业社会责任变量，是基于利益相关者责任将其划分为内部利益相关者责任与外部利益相关者责任进行测量，现有量表对本书的适用性不足。因此，本书在借鉴相关量表的基础上，进行量表设计和开发，充分结合成熟量表与新量表，来形成本书的量表。

　　无论是开放问题还是封闭问题，都经常需要研究人员仔细考虑他们的研究目标和问题，评估不同类型的问题的适用性与受访者的个体因素。另外，对于具体问题的措辞也是需要重点关注的问题。因此，问卷设计需要坚持以下原则（Rowley，2014）：

　　①问题设置要尽可能短小精悍；

　　②尽可能不设置引导性的或者隐晦性的假设问题；

　　③问题设置不要太笼统；

　　④尽量不要使用双重否定；

　　⑤在任何意义上，都不要设置侵入性、被告人不愿回答的问题；

　　⑥不要让被调查者违反保密规定。

4.1.2　问卷设计过程

　　问卷测量题项的生成主要有演绎和归纳两种方法（Hinkin，1995）。考虑到两种方法可能存在差异，因此本书在形成问卷初始测量题项时，综合这两种方法进行设计。

　　相关变量的测量采用单个测量题项具有直接性，但仍存在诸多缺陷，因此本书在对相关变量进行测量时采用多个测量题项。

　　Spector（1992）认为，采用多个测量题项具有诸多优点：

　　一是可以提升调查数据的有效性和可靠性；

　　二是可以减少受访者答题的限制，提升调查数据的精确度；

　　三是可以扩大被测量内容的范围，涵盖被测量内容更多的可能性。

　　由此，本书使用多个测量题项对研究的变量进行逐个测量。

　　基于上述问卷设计的方法与原则，问卷的设计过程主要包含以下几个步骤：

（1）初始测量题项的搜集

演绎法要求研究者对所研究的问题有所理解，并全面梳理相关概念，在充分理解其定义及研究背景后，逐渐形成相关变量的测量题项（Hinkin，1995）。

本书首先采用演绎法初步获得部分变量的初始测量题项。在确定变量后，搜集现有关于该测量变量的文献研究，然后对该变量的不同测量内容进行反复分析比较，记下共同使用或使用较为相似的题项，并作为本书相关测量变量的重要题项来源，特别要重点关注量表开发的方法及步骤是否参考组织管理的量表规范研究，是否具有较好的测量信度与效度。

另外，参考前期研究成果中变量的信度与效度，与本书的研究命题紧密结合，找到它们之间的区别与联系，并对选取的测量题项进行反复推敲和整理。

（2）测量题项的回译与甄别

由于研究所借鉴的量表都是国外研究中所使用的经典英文量表，因此本书所面临的问题是如何将这些量表的测量题项准确地翻译成中文；若不能准确地翻译成中文，将会造成变量数据的测量误差，得出的研究结果也不准确。为克服相关量表翻译的难题，国内外学者采用回译方法进行处理。因此，本书采用回译法将现有相关经典英文量表的测量题项翻译成中文，并反复进行推敲，以期相关测量题项翻译得合理、准确。

（3）小规模访谈

在设定变量的测量题项时，国内外学者也广泛使用归纳法；只有在部分较新变量的理论研究不足时，才会需要调查受访者，通过受访者对研究变量的细致描述形成测量题项（Hinkin，1995）。

本研究的量表主要借鉴国外现有的经典量表。由于西方文化的历史背景、价值观以及思维方式与我国存在较大差异，量表的信度和效度会受到较大影响，所以，在与企业高层管理者、中层管理者和员工展开小规模访谈的基础上，本研究对经典量表的测量题项作进一步修正和完善，最大限度地保障测量题项的科学性与完备性。

（4）自行开发与完善部分测量题项

依据本研究的实际和特殊性、研究模型设定和变量的概念，以及对现有研究成果进行梳理的基础，研究人员通过小规模访谈对经典量表的测量题项进行深入分析后，自行编制了一些测量题项，以使研究模型中各变量的测量科学合理。

（5）对测量题项的总体评价

在测量题项全部形成以后，本书进一步对测量题项的可信度与可靠性进行检验。这项工作具体可以采用定量与定性相结合的方法。首先，本书通过测度题项的克朗巴哈系数确定各变量的信度；其次，本书通过验证测量题项的表面效度与逻辑效度来表示内容效度，即同一变量所包含题项的拟合程度。表面效度只是从视觉上评判测量题项的可信程度，而逻辑效度则较为正式与严格，比如由相关专业的人员及小组对测量题项的内容可信度及完整度进行评判。

本研究的具体实施步骤如下：

首先，经过对研究内容的分析及确定量表具体所使用的方法，本研究挑选了5位具有相关领域丰富知识与经验的专家、学者。

其次，介绍研究主题，向专家、学者详细介绍本研究的主要内容，如相关变量的定义、测量维度与内容逻辑，向他们提出测量题项描述的清晰性、语言表达的准确性及内容的完备性与合理性等方面的评价标准。

最后，依据我国国情，结合专家、学者所给出的相关建议与评价，对测量题项进行合理的修正、完善或删除。

（6）生成初始调查问卷

首先，在梳理与归纳相关研究成果的基础上，对比分析现有变量的测量题项的构成，找出不合理的语句及题项设置。

其次，通过实地访谈的方式对量表的内容进行修正与完善。

再次，对自行构建的部分测量题项进行恰当的补充与完善。在梳理文献的基础上，研究人员搜集和对比现有的经典量表，对相关量表进行修正、补充和完善。

最后，自行编制部分测量题项并进行适当筛选和修正，结合相关领域的知名专家、学者对测量题项的内容、结构、效度的评价，依据问卷设计的方法和原则，最终生成本研究所涉及的各个变量的初始测量题项。

4.2　小规模访谈

访谈所获得的数据、资料具有较高的真实性，并有利于对新的或更深层次的信息进行捕捉和了解，也有利于更深入地研究所关注的问题（颜士梅等，2008）。

因此，本书基于现有研究，分别与企业管理经验较丰富或具有较高学术造诣的相关人员开展实地访谈工作，最大限度地获取与完善研究所需的信息。

2015年3月初至4月中旬，本书作者进行了小规模访谈，选取10名制造业企业管理人员和学术背景较丰富的专家、学者作为访谈对象，采取一对一的访谈方法，来获取他们对本研究涉及的相关概念内涵与外延的理解程度。为了保证获取信息的准确度，研究人员规定一次访谈时间控制在20~50分钟。为得到访问对象的真实想法，研究人员在访谈中并没有对"内部利益相关者责任""外部利益相关者责任""伦理决策""战略风险"等所涉及的概念进行详细界定，同时没有设定出较为具体的访谈题目；但是访谈主题自始至终都围绕着"企业社会责任""战略风险"等内容展开。研究人员先通过录音来详细记录相关人员的谈话，回到研究室后认真整理，得到访谈所需要的全部资料。

4.3　测量变量

4.3.1　解释变量

本研究的解释变量是 CSR。

梳理国内外学者关于 CSR 内涵界定的文献发现，无论从理论分析还是实证检验方面，学者大多从利益相关者的视角对 CSR 进行研究（Clarkson，1995；苏蕊芯等，2014），但 CSR 变量究竟包含哪些重要的利益相关者，学者并没有形成一致的看法。

部分国外学者运用 KLD 数据库对企业社会责任进行测量，CSR 主要包含社区、员工、产品、环境等维度。如 Clarkson（1995）从企业社区责任与企业环境责任两方面对 CSR 进行测量，Fan 等（2014）则从问题型企业社会责任和进程型企业社会责任两方面对 CSR 进行测量。

本研究在综合国内外学者研究成果的基础上，还听取了部分企业高管对中国情境下企业社会责任承担的意见。本研究不是针对某个特殊问题进行研究，因此也使用利益相关者方法进行测量。基于此，本研究结合郑海东（2007）、陈宏辉（2008）、齐丽云和魏婷婷（2013）、苏蕊芯等（2014）的研究，将企业社会责任分为外部利益相关者责任（消费者、社区、合作伙伴及政府等责任）与内部利益相关者责任（员工、经营者、股东等责任），且在环境与社区责任中体现了企业的慈善责任（见表4-1）。

表4-1 　　　　　　　CSR 的测量题项

维度	利益相关者	代码	测量题项
内部利益相关者责任	员工	YG1	公司一贯为员工提供良好的薪酬和福利待遇
		YG2	公司一贯为员工提供稳定的工作岗位
		YG3	公司一贯保护员工的个人资料和隐私
		YG4	公司一贯提供安全的工作环境和良好的工作条件
		YG5	公司能够进行完善的员工职业生涯管理
		YG6	公司与员工建立了良好的人际关系
		YG7	公司在休息日制定上尽可能尊重民族或宗教传统和习俗
		YG8	员工经常有机会参与企业管理
		YG9	公司一般会帮助离职员工寻找新工作
		YG10	公司一贯支持员工晋升和退休的均等机会
		YG11	公司能够为员工提供弹性工作制
	经营者	JYZ1	公司为经营管理者制定了科学透明的薪酬体系
		JYZ2	公司为经营者提供稳定的工作
		JYZ3	公司一贯提升高管的人力资本
		JYZ4	公司经常为经营者提供培训和学习的机会
		JYZ5	公司保证高层管理者有妇女和少数民族成员
		JYZ6	公司的组织气氛融洽和谐
		JYZ7	公司具有良好的企业形象
		JYZ8	公司会帮助经营者树立威信及权力地位

续表

维度	利益相关者	代码	测量题项
内部利益相关者责任	股东	GD1	公司为股东提供高额的投资利润回报
		GD2	公司一贯防止大股东侵犯中小股东的利益
		GD3	公司经常向股东披露相关信息
		GD4	公司树立了良好的企业信誉
		GD5	公司经常在利益相关者范围内进行公司治理
		GD6	公司经常严密监督员工的生产率
		GD7	公司一贯制定和执行企业长期发展战略
外部利益相关者责任	消费者	XFZ1	公司一贯积极响应并处理投诉事件
		XFZ2	公司的产品价格合理、营销公平
		XFZ3	公司一贯为消费者提供安全、合格的产品
		XFZ4	公司有足够保障消费者个人资料安全的措施
		XFZ5	公司一贯提供全面、真实的产品信息
		XFZ6	公司的售后服务优良
	社区	SQ1	公司会考虑与大学或研究实验室等当地社区合作
		SQ2	公司一贯为社区提供就业机会
		SQ3	公司通常会改善当地经济状况和发展水平
		SQ4	公司一贯加强环保，提高自愿治理费用额度
		SQ5	公司一贯赞助社区的文化、教育等活动，提升生活质量
		SQ6	公司逐步加大慈善捐赠力度，极力消除贫困

续表

维度	利益相关者	代码	测量题项
外部利益相关者责任	合作伙伴	HZHB1	公司通常会及时付款
		HZHB2	公司邀请合作伙伴参与企业管理
		HZHB3	公司会主动适应分销商的业务流程
		HZHB4	公司会稳定、及时供货
		HZHB5	公司与合作伙伴建立了稳定的业务关系
		HZHB6	公司为合作伙伴提供技术支持
		HZHB7	公司为合作伙伴提供相关的生产信息
		HZHB8	公司经常为合作伙伴提供财务支持
		HZHB9	公司对待合作伙伴一视同仁，保证其权利不受侵害
	政府	ZF1	公司一贯依法纳税
		ZF2	公司一贯配合政府解决贫困、犯罪等社会问题
		ZF3	公司会为了推动区域经济发展而持续努力
		ZF4	公司经常参加社会公益事业，稳定社会秩序
		ZF5	公司能够为社会提供就业岗位

资料来源　[1]改编自：郑海东.企业社会责任行为表现——测量维度、影响因素及对企业绩效的影响[D].杭州：浙江大学，2007.[2]改编自：陈宏辉.基于层次分析法的企业社会绩效评价及其应用[J].科技管理研究，2008（5）：106-109，131.[3]改编自ISO 26000。[4]改编自：齐丽云，魏婷婷.基于ISO 26000的企业社会责任绩效评价模型研究[J].科研管理，2013，34（3）：84-92.[5]改编自：苏蕊芯，仲伟周.中国企业社会责任测量维度识别与评价——基于因子分析法[J].华东经济管理，2014，28（3）：109-113.[6]根据访谈资料添加。

4.3.2　被解释变量

本书所涉及的被解释变量为企业战略风险。

关于战略风险的测量内容，主要的量表有 Winfrey 和 Budd （1997）的战略风险量表和 Simons （1999）的战略风险量表，两者的关系密切。因为 Simons （1999）的价值观量表是对 Winfrey 和 Budd （1997）的价值观量表的修正和扩展，而且得到国内外学者如李杰群等（2010）、王站杰等（2017）的广泛采用，其信度和效度得到国内外学者的广泛认可。

因此，本书采用 Simons（1999）的战略风险量表，将战略风险划分为4个维度21个题项。4个维度分别为运营风险、资产风险、竞争风险与声誉风险。其中，系统停工期、运营差错率、质量缺陷率等属于运营风险；不能兑现的收益/损失比率程度、信贷的集中程度等属于资产风险；竞争对手的新产品推介、消费者购买习惯变化等属于竞争风险；不利的新闻报道、竞争对手的商业失败等属于声誉风险（见表4-2）。

表4-2　　　　　　　　　　　战略风险的测量题项

维度	代码	测量题项
运营风险	YY1	公司系统停工期会引起运营风险
	YY2	公司运营差错率提升会增加运营风险产生的概率
	YY3	公司一些无法解释的变动会加速运营风险的产生
	YY4	公司账务的不平衡程度会影响运营风险的产生
	YY5	公司产品的质量缺陷率越高，运营风险就越高
	YY6	公司顾客的抱怨程度越高，企业的生产运营困难就越大

续表

维度	代码	测量题项
资产风险	ZC1	公司资产负债表上套期保值衍生工具的数量越多，资产风险发生的概率就越大
	ZC2	公司不能兑现的收益/损失比率越高，资产风险就越大
	ZC3	公司信贷的集中程度会影响资产风险的产生
	ZC4	公司的组织冗余越少，资产风险突发率就越高
	ZC5	公司违约的历史记录越多，资产风险发生的概率就越大
	ZC6	公司产品销售量下降，收入减少，影响资产累积
竞争风险	JZ1	竞争对手的新产品推介进一步加剧市场竞争风险
	JZ2	竞争对手的数量增加将会扩大企业的竞争风险
	JZ3	政府新的管制变化会影响企业的竞争优势
	JZ4	消费者购买习惯的变化会降低市场占有率，削弱企业的竞争优势
	JZ5	公司分配系统的变化会导致资源配置效率降低，企业的竞争力下降
声誉风险	SY1	顾客流向竞争对手的速度会影响企业的声誉风险
	SY2	不利的新闻报道会加重企业的声誉风险
	SY3	系统停工期越长越容易造成企业的声誉受损
	SY4	竞争对手的商业失败会降低企业的声誉风险

资料来源　[1] 改编自：SIMONS R. A note on identifying strategic risk：HBS case services [M]. Boston，MA：Harvard Business School Press，1999. [2] 根据访谈资料添加。

4.3.3　调节变量

根据商业伦理理论的目的论，企业伦理决策一般分为功利主义决策与利己主义决策。

Fritzsche（2007）基于商业伦理理论提出的企业伦理决策涉及对经济、政治、技术、社会和伦理方面的考量。

许婷婷（2014）按照企业伦理决策是否考虑决策方案的伦理道德因素将伦理决策机制划分为伦理导向的决策机制和经济导向的决策机制两个维度。本书关于该变量的测量主要围绕这两个维度展开。

Reidenbach和Robin（1990）则开发了企业功利主义决策的测量指标。

如前文所述，企业伦理决策的伦理性与企业承担社会责任是一致的，因此，结合对企业社会责任测量题项的考虑，本书设计了11个有关企业伦理决策的测量题项，每一个测量题项的具体内容见表4-3。

表4-3 企业伦理决策的测量题项

伦理决策机制	代码	测量题项
功利主义决策	GLZY1	公司的决策公平程度高
	GLZY2	公司的决策公正程度高
	GLZY3	公司的决策符合道德伦理
	GLZY4	公司的决策是员工所能接受的
	GLZY5	公司的决策从传统上讲是能够接受的
	GLZY6	公司的决策从文化上讲是可以接受的
	GLZY7	公司的决策没有违反未经说明的承诺
	GLZY8	公司的决策没有违反不成文的合同
利己主义决策	LJZY1	公司的决策符合相关法律、法规
	LJZY2	公司的决策有利于长期利润积累
	LJZY3	公司的决策在技术上具有可行性
	LJZY4	公司的决策有利于股东的利益
	LJZY5	公司的决策以利益最大化为终极目标

资料来源 ［1］改编自：REIDENBACH R E, ROBIN D P. Toward the development of a multidimensional scale for improving evaluations of business ethics ［J］. Journal of Business Ethics, 1990, 9（8）: 639-653. ［2］改编自：FRITZSCHE. Personal values' influence on the ethical dimension of decision making ［J］. Journal of Business Ethics, 2007, 75（4）: 335-343. ［3］改编自：许婷婷. 管理者价值观与企业社会责任表现关系研究 ［D］. 沈阳：辽宁大学, 2014.

4.3.4　控制变量

在前期关于企业社会责任与战略风险的研究中，本书主要选择了以下变量作为控制变量，大体上可以从企业特征及人口统计特征两个层面进行测量。

在企业特征上，变量主要有：

（1）规模

本书采用 Wang 和 Qian（2011）的观点，使用企业总资产自然对数测量企业的规模。

（2）成立年限

本书采用 Srivastava 和 Gnyawali（2011）的观点，使用企业成立时间到今天的时间来测量企业的年限。

（3）企业所有制类别

借鉴叶林祥等（2011）关于企业所有制类型的界定，本书将企业所有制类别主要划分为私营企业、国有企业、国有控股企业、外资及外资控股企业、其他。

由于本书的调查对象是企业的人员，为了进一步增强模型的说服力，使研究结果更具代表性和客观性，本书还对被调查者以下的基本信息进行了测量：

（1）性别

当性别为男性时，取值为 0；当性别为女性时，取值为 1。

（2）年龄

本书将年龄划分为 20 岁及以下、21~30 岁、31~40 岁、41~50 岁、51 岁及以上 5 个类别，分别取值为 1~5。

（3）职位

本书将职位划分为 4 组：一般员工、基层管理者、中层管理者、高层管理者，分别取值为 1~4。

（4）教育程度

本书将教育程度划分为5组：高中及以下、大专、本科、硕士研究生、博士研究生，分别取值为1~5。

（5）工作年限

本书将工作年限划分为6个类别：1年及以下、2~3年、4~5年、6~10年、11~15年、16年以上，分别取值为1~6。

4.3.5　变量的测度

依据本书的研究主题，相关变量的测度指标都是在文献理论研究与我国现实国情的指导下所提炼设计的。由于每个变量都是测度程度大小的概念，使用客观的企业数据展开定量分析缺乏一定的针对性与精确性，而且每个企业的具体行为也无法客观地进行对比分析，因此，本书采用主观的问卷调查法。

本书将采用李克特5级量表。受访者在每个题项下可以选择1~5之间的数字得分，表示题项与企业实际情况的相符程度：1表示非常不赞同；2表示不赞同；3表示差不多；4表示赞同；5表示非常赞同。随着数值的增大，被调查者对题项的满意程度越来越高。

4.4　预测试

4.4.1　样本取样及数据描述

研究人员在2015年3月1日至5月13日进行小样本调查，主要调研地区集中在新疆维吾尔自治区的乌鲁木齐市、石河子市、库尔勒市及克拉玛依市。根据已有学者的研究抽样方式，本书主要采用随机抽样方法。首先，研究人员在每个地区随机抽取50家企业，然后分别前往各地区的企业进行问卷现场发放和收集，最后对相关数据进行整理。本次调研共发出问卷300份，回收问卷207份，回收率为69%。

将问卷收回以后，研究人员借鉴先前学者的做法，主要按照以下几个标准对问卷进行剔除：

①未答题项累计达到或超过10%的；

②问卷的回答呈现出明显的规律性或所有题目均选择同一个选项等；

③同一企业中回收的问卷存在明显雷同的情况。

按照以上筛选方法，研究人员最后得到有效问卷188份，有效问卷回收率达到90.82%。

被调查者的基本信息统计描述具体见表4-4。

表4-4　　　　　　　　　样本统计特征描述汇总

统计内容	内容分类	频次	百分比	统计内容	内容分类	频次	百分比
性别	男	103	54.79	工作年限	1年及以下	24	12.77
	女	85	45.21		2~3年	67	35.64
年龄	20岁及以下	54	28.72		4~5年	44	23.40
	21~30岁	66	35.11		6~10年	30	15.96
	31~40岁	40	21.28		11~15年	18	9.57
	41~50岁	20	10.64		16年以上	5	2.66
	51岁及以上	8	4.26	所有制类别	私营企业	89	47.34
教育程度	高中及以下	13	6.91		国有企业	16	8.51
	大专	49	26.06		国有控股企业	43	22.87
	本科	92	48.94		外资及外资控股企业	10	5.32
	硕士研究生	26	13.83		其他	30	15.96
	博士研究生	8	4.26	成立年限	3年及以下	29	15.43
职位	一般员工	44	23.40		4~8年	78	41.49
	基层管理者	48	25.53		9~15年	37	19.68
	中层管理者	67	35.64		16年及以上	44	23.41
	高层管理者	29	15.43				

虽然企业是本书的主要研究载体，不过本部分研究更侧重的是企业社会责任、战略风险认知及预防等变量以及影响这些变量的主要因素。本书在作相关检验的时候没有进行数据的聚合。根据 Anderson 和 West（1996）的研究结果，不进行数据聚合可以行之有效地在分析过程中避免数据聚合带来的其他一系列问题。此外，Anderson 和 West（1996）的研究也同样表明数据聚合之后会掩盖部分测量题项的某些真实存在的特点。

4.4.2 样本检验方法及研究结果

本书所涉及的量表测量题项是结合国内外现有成熟量表及本书作者的实地调研得出的。在确定量表的所有测量题项、使用所形成的调查问卷进行大规模调研之前，需要进行小样本测试，以便发现问卷及各测量题项中存在的问题，从而进行修正与完善，使测量题项具有准确性与适用性。因此，本书首先运用 Cronbach's α 分析与 CITC 分析对变量的信度进行评价，然后通过探索性因子分析对变量的效度进行评价，通过分析结果来净化测量题项。

（1）信度分析

根据相关学者的研究可知，信度分析需要内部一致性的检验。一般常用的是 α 系数和纠正题项的单一总体相关系数（corrected item-total correlation，CITC）进行相关的统计分析。

首先，α 系数的阈值一般需要大于 0.5，而且要求删除题项后的 α 系数应该小于之前的总的 α 系数，只有这样，才能进行 CITC 分析。

其次，CITC 的取值一般大于 0.4 就是可以被接受的；如果结果大于 0.3 而小于 0.4，则需要进行下一步的观察；如果结果小于 0.3，则是不能被接受的。

CSR 量表题项的信度检验结果如表 4-5 所示。

由表 4-5 可以看出来，CSR 所包含的 2 个维度 6 个因子中的条款的 CITC 大都高于 0.4，只有 HZHB3"公司会主动适应分销商的

表4-5　企业社会责任量表测量题项的内部一致性检验

维度	代码	CITC	删除题项后的α系数	α系数	维度	代码	CITC	删除题项后的α系数	α系数
员工	YG1	0.465	0.864		消费者	XFZ1	0.301	0.534	
	YG2	0.514	0.861			XFZ2	0.558	0.664	
	YG3	0.606	0.854			XFZ3	0.483	0.667	
	YG4	0.631	0.832			XFZ4	0.555	0.575	0.675
	YG5	0.577	0.811			XFZ5	0.564	0.642	
	YG6	0.598	0.849	0.868		XFZ6	0.485	0.643	
	YG7	0.617	0.453		合作伙伴	HZHB1	0.666	0.805	
	YG8	0.576	0.856			HZHB2	0.679	0.803	
	YG9	0.593	0.855			HZHB3	0.362	0.518	
	YG10	0.663	0.782			HZHB4	0.644	0.808	
	YG11	0.531	0.825			HZHB5	0.671	0.804	0.837
经营者	JYZ1	0.744	0.799			HZHB6	0.727	0.797	
	JYZ2	0.727	0.804			HZHB7	0.598	0.861	
	JYZ3	0.622	0.833			HZHB8	0.463	0.854	
	JYZ4	0.733	0.802	0.852		HZHB9	0.590	0.827	
	JYZ5	0.503	0.860		社区	SQ1	0.637	0.799	
	JYZ6	0.637	0.821			SQ2	0.516	0.824	
	JYZ7	0.764	0.852			SQ3	0.562	0.814	
	JYZ8	0.692	0.851			SQ4	0.545	0.818	0.832
股东	GD1	0.685	0.859			SQ5	0.538	0.819	
	GD2	0.714	0.858			SQ6	0.624	0.833	
	GD3	0.657	0.864		政府	ZF1	0.713	0.850	
	GD4	0.544	0.890	0.880		ZF2	0.716	0.850	
	GD5	0.696	0.459			ZF3	0.757	0.844	0.876
	GD6	0.577	0.832			ZF4	0.735	0.872	
	GD7	0.733	0.854			ZF5	0.566	0.870	

业务流程"与XFZ1"公司一贯积极响应并处理投诉事件"的CITC都小于0.4，分别为0.362、0.301；在删除题项后能使α系数变小的题项为YG7"公司在休息日制定上尽可能尊重民族或宗教传统和习俗"、GD5"公司经常在利益相关者范围内进行公司治理"。

因此，经过分析，本书删除YG7"公司在休息日制定上尽可能尊重民族或宗教传统和习俗"、GD5"公司经常在利益相关者范围内进行公司治理"、HZHB3"公司会主动适应分销商的业务流程"、XFZ1"公司一贯积极响应并处理投诉事件"这4个不满足相关指数要求的题项。

在此之后，作者又一次进行了内部一致性检验，可以看出来所有的题项均符合要求（所有的CITC都大于0.4，α系数都大于0.7，而且删除题项后的α系数也都小于总的α系数）。这表明CSR量表具有较好的内部一致性。

本书接着对伦理决策与战略风险进行内部一致性分析，具体结果分别见表4-6与表4-7。

表4-6　　伦理决策各变量测量题项的CITC与信度分析

维度	代码	CITC	删除题项后的α系数	α系数	总体α系数
功利主义决策	GLZY1	0.800	0.846	0.896	0.920
	GLZY2	0.824	0.826		
	GLZY3	0.760	0.782		
	GLZY4	0.782	0.837		
	GLZY5	0.815	0.843		
	GLZY6	0.774	0.796		
	GLZY7	0.812	0.843		
	GLZY8	0.811	0.855		
利己主义决策	LJZY1	0.764	0.905	0.906	0.944
	LJZY2	0.816	0.832		
	LJZY3	0.822	0.855		
	LJZY4	0.835	0.874		
	LJZY5	0.789	0.861		

表4-7　　战略风险各变量测量题项的CITC与信度分析

维度	代码	CITC	删除题项后的α系数	α系数
运营风险	YY1	0.562	0.844	0.857
	YY2	0.646	0.834	
	YY3	0.600	0.839	
	YY4	0.604	0.839	
	YY5	0.596	0.840	
	YY6	0.576	0.842	
声誉风险	SY1	0.680	0.894	0.903
	SY2	0.777	0.879	
	SY3	0.708	0.890	
	SY4	0.738	0.885	
资产风险	ZC1	0.642	0.794	0.828
	ZC2	0.664	0.785	
	ZC3	0.622	0.798	
	ZC4	0.725	0.749	
	ZC5	0.692	0.735	
	ZC6	0.718	0.764	
竞争风险	JZ1	0.726	0.812	0.856
	JZ2	0.729	0.811	
	JZ3	0.654	0.843	
	JZ4	0.718	0.842	
	JZ5	0.722	0.815	

　　从表4-6中可以看出，在伦理决策中的功利主义决策与利己主义决策涉及的CITC均通过检验，这表明伦理决策各变量的测

量题项均满足内部一致性检验。

（2）效度分析

探索性因子分析（EFA）主要是分析某个结构性概念所构成的维度数量。

假如在进行信度分析之前就进行因子分析，往往会产生更多的维度。这是因为会有跨维度的题项出现，这些跨维度的题项又可能包含许多个维度。这也进一步说明在进行量表开发前进行信度分析的必要性，删除某些不合格的题项之后，再对其进行探索性因子分析，以剖析、论证和归纳其维度是否合适。

一般来说，主流的方法是进行旋转矩阵分析。通过分析可以看出来，CSR量表的KMO为0.926，Sig.为0.000，均显著，适合进行因子分析。

本书进一步采用主成分分析法提取因子，以及采用最大方差法作为因子旋转的方法，结果如表4-8所示。

表4-8　　企业社会责任量表的探索性因子分析

代码	因子1	因子2	因子3	因子4	因子5	因子6	因子7
JYZ2	0.782						
JYZ1	0.781						
JYZ5	0.753						
JYZ4	0.774					0.643	
JYZ8	0.748						
JYZ3	0.708						
JYZ6	0.692						
JYZ7	0.717						
ZF1		0.822					

代码	因子1	因子2	因子3	因子4	因子5	因子6	因子7
ZF2		0.493					
ZF4		0.608					
ZF5		0.749					
ZF3		0.562					
GD1			0.800				
GD2			0.791		0.664		
GD5			0.709				
GD6			0.753				
GD3			0.696				
GD4			0.654				
YG9	0.633			0.700			
YG8				0.692			
YG7				0.669			
YG5				0.657			
YG4				0.651			
YG1				0.622			
YG10				0.674			
YG6				0.600			
YG2				0.575			
YG3			0.682	0.537			

续表

代码	因子1	因子2	因子3	因子4	因子5	因子6	因子7
SQ1					0.709		
SQ3					0.690		
SQ5					0.726		
SQ2					0.668		
SQ4					0.455	0.479	
XFZ2						0.788	
XFZ4						0.432	
XFZ5						0.735	
XFZ1						0.781	
XFZ3						0.712	
HZHB2							0.718
HZHB7							0.648
HZHB1							0.582
HZHB6							0.558
HZHB3							0.530
HZHB4							0.526
HZHB5							0.502
HZHB8							0.511

从表4-8中可以看出，大部分题项的载荷值都大于0.5，题项JYZ4"公司经常为经营者提供培训和学习的机会"、GD2"公

司一贯防止大股东侵犯中小股东的利益"、YG9"公司一般会帮助离职员工寻找新工作"、YG3"公司一贯保护员工的个人资料和隐私"、SQ4"公司一贯加强环保,提高自愿治理费用额度"出现了跨因子负荷现象,而题项 ZF2"公司一贯配合政府解决贫困、犯罪等社会问题"与 XFZ4"公司有足够保障消费者个人资料安全的措施"的载荷小于0.5,这将对整个量表的信度与效度产生不利的影响。为了保证因子分析的可靠性和量表的一致性,本书参照以往学者的做法,删除了这7个题项。

本书接着对伦理决策与战略风险量表作预测试的探索性因子分析,具体结果分别见表4-9和表4-10。

表4-9   **伦理决策量表的探索性因子分析**

代码	因子1	因子2
GLZY2	0.892	
GLZY3	0.874	
GLZY1	0.796	
GLZY4	0.897	
GLZY6	0.846	
GLZY7	0.883	
GLZY8	0.784	
GLZY5	0.865	
LJZY1	0.522	0.873
LJZY3		0.703
LJZY4		0.464
LJZY5		0.653
LJZY2		0.771

表4-10　　　　　　　战略风险量表的探索性因子分析

代码	因子1	因子2	因子3	因子4
ZC2	0.792			
ZC1	0.786			
ZC6	0.812			
ZC4	0.454			
ZC3	0.731			
ZC5	0.783			
SY1		0.821		
SY2		0.773		
SY4		0.664		
SY3		0.592		
YY1			0.804	
YY2			0.791	
YY5			0.749	
YY3			0.696	
YY4			0.652	
JZ4				0.754
JZ5				0.546
JZ3				0.733
JZ2				0.709
JZ1				0.468

　　根据表4-9可知，伦理决策的13个题项分为两个因子，而利己主义决策中的LJZY4"公司的决策有利于股东的利益"的因子载荷为0.464，LJZY1"公司的决策符合相关法律、法

规"出现跨因子负荷现象，这将对整个量表的信度与效度产生不利的影响。本书对本部分的做法同前，删除了这两个题项。

从表4-10中可以发现，对战略风险量表进行探索性因子分析，其结果显示ZC4"公司的组织冗余越少，资产风险突发率就越高"与JZ1"竞争对手的新产品推介进一步加剧市场竞争风险"的因子载荷小于0.5，这将对整个量表的信度与效度产生不利的影响，本书对本部分的做法同前，删除了这两个题项。

最后，对整个量表进行探索性因子分析。在上述各个量表的分析基础上，本书将所保留的各个变量（企业社会责任、伦理决策及战略风险）的测量题项同时纳入一个整体模型中进行探索性因子分析。

通过软件分析，本书所涉及的变量（企业社会责任、伦理决策及战略风险）测量题项的KMO值为0.951，且Bartelett球体检验的统计值为显著的0.000。按照马庆国等（2002）的建议，KMO值在0.7以上比较适合进行因子分析。

本书进一步采用主成分分析法进行因子提取，以及采用最大方差法作为因子旋转的方法，结果见表4-11。

表4-11　　　　量表整体的探索性因子分析

代码	因子1	因子2	因子3	因子4	因子5	因子6	因子7	因子8
HZHB6	0.752							
HZHB1	0.712							
HZHB8	0.707							
HZHB4	0.697							
HZHB7	0.685							

续表

代码	因子1	因子2	因子3	因子4	因子5	因子6	因子7	因子8
HZHB2	0.679							
XFZ1	0.677							
HZHB5	0.674							
HZHB3	0.672							
XFZ2	0.666							
XFZ3	0.647							
ZF1	0.629							
XFZ4	0.604							
SQ4	0.586							
ZF3	0.585							
SQ5	0.582							
SQ2	0.579							
ZF4	0.571							
SQ1	0.556							
ZF2	0.539							
SQ3	0.506							
JYZ1		0.673						
JYZ2		0.665						
YG8		0.629						
YG6		0.652						

续表

代码	因子1	因子2	因子3	因子4	因子5	因子6	因子7	因子8
GD1		0.662						
GD4		0.647						
GD2		0.646						
GD5		0.639						
JYZ6		0.629						
JYZ4		0.604						
JYZ7		0.576						
GD3		0.561						
JYZ5		0.559						
JYZ3		0.540						
YG3		0.620						
YG7		0.644						
YG5		0.643						
YG2		0.600						
YG1		0.591						
YG4		0.607						
JZ4			0.771					
JZ3			0.747					
JZ2			0.723					
JZ1			0.720					

续表

代码	因子1	因子2	因子3	因子4	因子5	因子6	因子7	因子8
SY2				0.766				
SY1				0.718				
SY4				0.677				
SY3				0.664				
GLZY6					0.648			
GLZY7					0.599			
GLZY5					0.568			
GLZY1					0.545			
GLZY2					0.533			
GLZY8					0.532			
GLZY3					0.528			
GLZY4					0.527			
ZC4						0.771		
ZC5						0.741		
ZC3						0.736		
ZC2						0.736		
ZC1						0.714		
YY2							0.696	
YY3							0.685	
YY6							0.682	

续表

代码	因子1	因子2	因子3	因子4	因子5	因子6	因子7	因子8
YY4							0.661	
YY5							0.652	
YY1							0.649	
LJZY2								0.796
LJZY1								0.728
LJZY3								0.567

由表4-11可知，本书涉及的主要变量企业社会责任（内外部利益相关者责任）、伦理决策（功利主义决策及利己主义决策）及战略风险（运营风险、资产风险、竞争风险及声誉风险）共呈现出8个特征根值大于1的公因子，8个因子的累计方差解释量达到62.436%。各条款的因子载荷均大于0.5，并不存在单个条款自成一个因子或在两个及以上的因子中负荷大于0.5的情况，并且提取的因子与本书的初始设想一致，测量题项与变量完全对应。

4.4.3 初始量表的形成

通过对调查问卷各个变量及总体的预测试，本书最终形成了信度和效度都较高的初始量表。

在企业社会责任量表中，研究人员共删除了"YG3""YG7""YG9""JYZ4""GD2""GD5""HZHB3""SQ4""ZF2""XFZ1""XFZ4"11个题项，形成了7个要素41个题项的量表。

在伦理决策量表中，研究人员共删除了"LJZY1""LJZY4"2个题项，形成了2个维度11个题项的量表。

在战略风险量表中，研究人员共删除了"ZC4""JZ1"2个题项，形成了4个维度19个题项的量表。

在对总体和各个题项及维度进行验证之后，作者对所保留下来的题项进行重新编码，最终形成的量表构成了如下的调查问卷。

企业社会责任与战略风险关系的问卷调查

尊敬的先生/女士：

您好！

非常感谢您在百忙之中抽出时间参加本问卷调查。本问卷主要为"企业社会责任与战略风险"的研究提供基础数据，因此您提供的信息仅为学术研究之用，不做其他任何用途，对您及您的企业没有任何影响。

谢谢配合！

第一部分 企业人员信息

请您将您的基本信息填写在横线上或在合适的选项上打√。

1.性别

□男　□女

2.年龄

□20岁及以下　　□21~30岁　　□31~40岁　　□41~50岁

□51岁及以上

3.工作年限

□1年及以下　　□2~3年　　□4~5年　　□6~10年

□11~15年　□16年以上

4.教育程度

□高中及以下　　□大专　　□本科　　□硕士研究生

□博士研究生

5.持有企业股份的比例

□没有　　□10%及以下　　□11%~30%　　□31%~50%

□51%~99%　　□100%

6.职位

□一般员工　　□基层管理者　　□中层管理者　　□高层管理者

7.您对公司发展战略的描述

第二部分　企业信息

请您将您所在企业的基本信息填写在横线上或在合适的选项上打√。

1.您所在的企业的行业

□农、林、牧、渔业　　□采矿业　　□制造业　　□电力、热力、燃气及水生产和供应业　　□建筑业　　□批发和零售业　　□交通运输、仓储和邮政业　　□住宿和餐饮业　　□信息传输、软件和信息技术服务业　　□金融业　　□房地产业　　□租赁和商务服务业

2.贵企业的性质

□私营企业　　□国有企业　　□国有控股企业　　□外资及外资控股企业　　□其他

3.贵企业现有职工人数

□低于100人　　□100~300（不含）人　　□300~500（不含）人

□500~1 000（不含）人　　□1 000~2 000（不含）人

□2 000人以上

4.贵企业去年的销售额

□低于1 000万元　　□1 000万~3 000（不含）万元

□3 000万~1（不含）亿元　　□1亿~3（不含）亿元　　□3亿元以上

5.贵企业现有的资产总额

□1亿元以下 □1亿~5（不含）亿元 □5亿~50（不含）亿元 □50亿元以上

6.贵企业成立年限

□3年以下 □4~8年 □9~15年 □16年及以上

第三部分 企业社会责任

企业不仅追求利润最大化，而且应对社会要求或社会期望作出回应，参加一些社会活动。本研究将企业这些社会性活动称为企业社会责任活动或行为。请您根据企业的实际情况，从下列每一组中分别选出最佳选项，在相应的分数上打√。

维度	编号	利益相关者	测量题项	非常不重要—十分重要				
内部利益相关者责任	1	员工	公司一贯为员工提供良好的薪酬和福利待遇	1	2	3	4	5
			公司一贯为员工提供稳定的工作岗位	1	2	3	4	5
			公司一贯提供安全的工作环境和良好的工作条件	1	2	3	4	5
			公司能够进行完善的员工职业生涯管理	1	2	3	4	5
			公司与员工建立了良好的人际关系	1	2	3	4	5
			员工经常有机会参与企业管理	1	2	3	4	5
			公司一贯支持员工晋升和退休的均等机会	1	2	3	4	5
			公司能够为员工提供弹性工作制	1	2	3	4	5
	2	经营者	公司为经营管理者制定了科学透明的薪酬体系	1	2	3	4	5
			公司为经营者提供稳定的工作	1	2	3	4	5
			公司一贯提升高管的人力资本	1	2	3	4	5
			公司保证高层管理者有妇女和少数民族成员	1	2	3	4	5
			公司的组织气氛融洽和谐	1	2	3	4	5
			公司具有良好的企业形象	1	2	3	4	5
			公司会帮助经营者树立威信及权力地位	1	2	3	4	5

续表

维度	编号	利益相关者	测量题项	非常不重要—十分重要				
内部利益相关者责任	3	股东	公司为股东提供高额的投资利润回报	1	2	3	4	5
			公司经常向股东披露相关信息	1	2	3	4	5
			公司树立了良好的企业信誉	1	2	3	4	5
			公司经常严密监督员工的生产率	1	2	3	4	5
			公司一贯制定和执行企业长期发展战略	1	2	3	4	5
外部利益相关者责任	4	消费者	公司的产品价格合理、营销公平	1	2	3	4	5
			公司一贯为消费者提供安全、合格的产品	1	2	3	4	5
			公司一贯提供全面、真实的产品信息	1	2	3	4	5
			公司的售后服务优良	1	2	3	4	5
	5	社区	公司会考虑与大学或研究实验室等当地社区合作	1	2	3	4	5
			公司一贯为社区提供就业机会	1	2	3	4	5
			公司通常会改善当地经济状况和发展水平	1	2	3	4	5
			公司一贯赞助社区的文化、教育等活动，提升生活质量	1	2	3	4	5
			公司逐步加大慈善捐赠力度，极力消除贫困	1	2	3	4	5
	6	合作伙伴	公司通常会及时付款	1	2	3	4	5
			公司邀请合作伙伴参与企业管理	1	2	3	4	5
			公司会稳定、及时供货	1	2	3	4	5
			公司与合作伙伴建立了稳定的业务关系	1	2	3	4	5
			公司为合作伙伴提供技术支持	1	2	3	4	5
			公司为合作伙伴提供相关的生产信息	1	2	3	4	5
			公司经常为合作伙伴提供财务支持	1	2	3	4	5
			公司对待合作伙伴一视同仁，保证其权利不受侵害	1	2	3	4	5

续表

维度	编号	利益相关者	测量题项	非常不重要—十分重要
外部利益相关者责任	7	政府	公司一贯依法纳税	1　2　3　4　5
			公司会为了推动区域经济发展而持续努力	1　2　3　4　5
			公司经常参加社会公益事业，稳定社会秩序	1　2　3　4　5
			公司能够为社会提供就业岗位	1　2　3　4　5

第四部分　企业决策机制

请问您的企业是由个人决策还是由高管团队决策：

□个人决策　　□高管团队决策

请将您所在企业作决策的真实情况与下面的描述相比较，选择符合的程度，在相应选项上打√。

编号	维度	测量题项	非常不重要—十分重要
1	功利主义决策	公司的决策公平程度高	1　2　3　4　5
		公司的决策公正程度高	1　2　3　4　5
		公司的决策符合道德伦理	1　2　3　4　5
		公司的决策是员工所能接受的	1　2　3　4　5
		公司的决策从传统上讲是能够接受的	1　2　3　4　5
		公司的决策从文化上讲是可以接受的	1　2　3　4　5
		公司的决策没有违反未经说明的承诺	1　2　3　4　5
		公司的决策没有违反不成文的合同	1　2　3　4　5
2	利己主义决策	公司的决策有利于长期利润积累	1　2　3　4　5
		公司的决策在技术上具有可行性	1　2　3　4　5
		公司的决策以利益最大化为终极目标	1　2　3　4　5

第五部分　战略风险

请将您所在企业作决策的真实情况与下面的描述相比较，选择符合的程度，在相应选项上打√。

编号	维度	测量题项	非常不重要—十分重要				
1	运营风险	公司系统停工期会引起运营风险	1	2	3	4	5
		公司运营差错率提升会增加运营风险产生的概率	1	2	3	4	5
		公司一些无法解释的变动会加速运营风险的产生	1	2	3	4	5
		公司账务的不平衡程度会影响运营风险的产生	1	2	3	4	5
		公司产品的质量缺陷率越高，运营风险就越大	1	2	3	4	5
		公司顾客的抱怨程度越高，企业的生产运营困难就越大	1	2	3	4	5
2	资产风险	公司资产负债表上套期保值衍生工具的数量越多，资产风险发生的概率就越大	1	2	3	4	5
		公司不能兑现的收益/损失比率越高，资产风险就越大	1	2	3	4	5
		公司信贷的集中程度会影响资产风险的产生	1	2	3	4	5
		公司违约的历史记录越多，资产风险发生的概率就越大	1	2	3	4	5
		公司产品销售量下降，收入减少，影响资产累积	1	2	3	4	5

续表

编号	维度	测量题项	非常不重要—十分重要				
3	竞争风险	竞争对手的新产品推介进一步加剧市场竞争风险	1	2	3	4	5
		政府新的管制变化会影响企业的竞争优势	1	2	3	4	5
		消费者购买习惯的变化会降低市场占有率，削弱企业的竞争优势	1	2	3	4	5
		公司分配系统的变化会导致资源配置效率降低，企业的竞争力下降	1	2	3	4	5
4	声誉风险	顾客流向竞争对手的速度会影响企业的声誉风险	1	2	3	4	5
		不利的新闻报道会加重企业的声誉风险	1	2	3	4	5
		系统停工期越长越容易造成企业的声誉受损	1	2	3	4	5
		竞争对手的商业失败会降低企业的声誉风险	1	2	3	4	5

4.5 大样本数据调研

4.5.1 样本对象选择

本研究对问卷进行小规模测试以及针对在测试过程中所存在的问题进行细致的修改和推敲，接下来使用此量表进行正式的大样本数据的调研工作。

正式的调查问卷由五个部分构成：

一是调研对象的人口统计特征，主要包括调查对象的性别、年龄、工作年限等；

二是企业统计特征，包括企业的性质、规模、成立年限等；

三是企业社会责任的相关指标；

四是伦理决策的相关指标；

五是战略风险的相关指标。

本研究主要关注我国经济、文化背景下，企业履行社会责任的行为对战略风险的影响，因此在研究对象的选择上还应该着重注意以下三个问题：

（1）地域特征

不同的地域会产生不同的文化，其经济发展的驱动因素也不尽相同。许多因素在国外对企业产生显著性影响，换到中国这个独特的背景下或许就不一定显著了。本研究主要集中在辽宁省、江苏省、河南省和新疆维吾尔自治区进行，正好涵盖了我国的东、南、中和西部，具有较好的代表性。

（2）企业特征

在对行业进行明确之后，本研究对企业的选择比较全面，包含了不同性质、规模、成立年限等的企业。

（3）被调查者特征

为了确保被调查者能够很深入地了解企业、了解本研究的题设，对企业能够作出比较客观的分析和判断，本研究选取企业的中高层管理者作为主要的被调查者。

4.5.2 问卷发放与回收

调查问卷的设计、回收、发放等会直接影响到分析结果的显著性。根据作者发放调查问卷的经验，在对企业高层管理者进行调研时比较困难，请他们填写的调查问卷的回收率比较低，调查问卷的有效性也比较低。这是因为企业高层管理者忙于处理日常的经营管理事务，无暇或者忘记了填写调查问卷，最后匆匆提交调查问卷，使得其有效性比较低。同时，企业高层管理者害怕个人信息被泄露（尽管在研究过程中我们一再说明研究结果只用于学术研究）。此外，为了企业的利益和个人的一些其他因素，企业高层管理者在涉及某些问题的时候，往往不能作出真实而有效的回答。因此，本研究实施了多方式、多渠道的调查，主要有：

第一，本研究充分利用学校和对口企业之间的平台关系进行问卷调查。在调查的时候，研究团队会给予被调查者充分的时间理解、填写问卷，以在一定程度上保证问卷的有效性和回收率。

第二，考虑到很多企业的高层管理者是一些高校的 EMBA 或 MBA 学生，作者选择了国内的两所知名的开设企业社会责任和商业伦理课程的高校的学生进行了有针对性的访问。这部分学生有着非常丰富的管理经验和专业知识，对提高本次调查的质量有着非常重要的意义。

第三，作者通过自己的老师、同学、朋友等社会关系对其所在企业也进行了实地的现场调研，并建立了专门的调研微信群，以期望对此次调研的目的、内容等相关信息进行详细而深入的解释。为了提高问卷的有效性，作者亲自前往大连、郑州等城市进行一对一的交流。除此之外，作者还通过电话、电子邮件等途径进行了相关的调研。

本研究的调研时间集中于 2015 年 6—10 月。调研的具体过程如下：

其一，选择对本次调研有意向的企业，通过各种渠道将问卷送达相关企业管理者的手中，各企业管理者根据企业的运作时间、场所灵活性安排相应的调研时间与地点。

其二，在确定的时间与地点与受访者进行面谈。

其三，在问卷填写之前，对问卷调查的重要意义及填写方法进行简单解释，并指出调研结果只会用于项目研究，不会用于商业竞争，打消受访者的疑虑。

其四，对问卷中理解有偏差的部分，给予受访者详细解释，争取在半个小时之内保质保量地完成调研任务。

其五，裨补阙漏，确保问卷填写的完备性，并对问卷进行回收与编码，向受访者表示感谢。

研究团队经过历时近半年的努力之后，在新疆维吾尔自治区、辽宁省、河南省及江苏省共发放了800份调查问卷，最终回收577份。依据4.4.1部分所提出的问卷筛选标准，以及剔除对企业战略目标回答不太明确、作答的答案与公司战略相同率低于30%的样本之后，删除无效、不合规等问卷，最终有效问卷为423份，有效问卷率为73.31%。

第5章　数据分析与假设检验

5.1　数据描述性统计分析

5.1.1　个体特征的统计描述

在本研究获得的423个有效样本中，个体特征统计描述如表5-1所示。

被调查者性别的分布情况为：

①有267位受访者是男性，占总数的63.12%；

②有156位受访者是女性，占总数的36.88%。

被调查者年龄的分布情况为：

①年龄在20岁及以下的受访者有32位，占总数的7.57%；

②21~30岁的受访者有156位，占总数的36.88%；

表 5-1　　大样本调研数据的人口统计特征分析（N=423）

统计内容	内容分类	频次	百分比	统计内容	内容分类	频次	百分比
性别	男	267	63.12%	教育程度	高中及以下	23	5.44%
	女	156	36.88%		大专	81	19.15%
年龄	20岁及以下	32	7.57%		本科	196	46.34%
	21~30岁	156	36.88%		硕士研究生	105	24.82%
	31~40岁	137	32.39%		博士研究生	18	4.26%
	41~50岁	71	16.78%	工作年限	1年及以下	59	13.95%
	51岁及以上	27	6.38%		2~3年	125	29.55%
职位	一般员工	102	24.11%		4~5年	131	30.97%
	基层管理者	164	38.77%		6~10年	67	15.84%
	中层管理者	90	21.28%		11~15年	27	6.38%
	高层管理者	67	15.84%		16年及以上	14	3.31%

③31~40岁的受访者有137位，占总数的32.39%；

④41~50岁的受访者有71位，占总数的16.78%；

⑤51岁及以上的受访者有27位，占总数的6.38%。

被调查者教育程度的分布情况为：

①高中及以下的受访者有23位，占总数的5.44%；

②大专学历的受访者有81位，占总数的19.15%；

③本科学历的受访者有196位，占总数的46.34%；

④硕士研究生学历的受访者有105位，占总数的24.82%；

⑤博士研究生学历的受访者有18位，占总数的4.26%。

被调查者职位的分布情况为：

①一般员工的受访者有102位，占总数的24.11%；

②基层管理者有164位，占总数的38.77%；

③中层管理者有90位，占总数的21.28%；

④高层管理者有67位，占总数的15.84%。

被调查者工作年限的分布情况为：

①工作年限为1年及以下的受访者有59位，占总数的13.95%；

②工作年限为2~3年的受访者有125位，占总数的29.55%；

③工作年限为4~5年的受访者有131位，占总数的30.97%；

④工作年限为6~10年的受访者有67位，占总数的15.84%；

⑤工作年限为11~15年的受访者有27位，占总数的6.38%；

⑥工作年限为16年及以上的受访者有14位，占总数的3.31%。

5.1.2　企业特征的统计描述

样本正式调研一共涉及423家企业，由大样本正式调研所获得的企业有效样本的特征统计描述如表5-2所示。

表5-2　大样本调研数据的企业统计特征分析（N=423）

统计内容	内容分类	频次	百分比
规模	1亿元以下	396	93.6%
	1亿~5（不含）亿元	21	5.0%
	5亿~50（不含）亿元	4	0.9%
	50亿元及以上	2	0.5%
成立年限	3年及以下	96	22.7%
	4~8年	151	35.7%
	9~15年	124	29.3%
	16年及以上	52	12.3%
性质	私营企业	252	59.6%
	国有企业	35	8.3%
	国有控股企业	59	13.9%
	外资及外资控股企业	21	5.0%
	其他	56	13.2%

从企业规模来看：

①1亿元以下的企业有396家，占总数的93.6%；

②1亿~5（不含）亿元的企业有21家，占总数的5%；

③5亿~50（不含）亿元的企业有4家，占总数的0.9%；

④50亿元及以上的企业有2家，占总数的0.5%。

从企业成立年限来看：

①3年及以下的企业有96家，占总数的22.7%；

②4~8年的企业有151家，占总数的35.7%；

③9~15年的企业有124家，占总数的29.3%；

④16年及以上的企业有52家，占总数的12.3% 。

从企业所有制性质来看：

①私营企业有252家，占总数的59.6%；

②国有企业有35家，占总数的8.3%；

③国有控股企业有59家，占总数的13.9%；

④外资及外资控股企业有21家，占总数的5%；

⑤其他性质的企业有56家，占总数的13.2%。

5.1.3　研究变量描述性统计

本研究主要对以下3个变量作描述性统计分析：

①企业社会责任，其有2个维度——内部利益相关者责任和外部利益相关者责任；

②伦理决策，其有2个维度——功利主义决策和利己主义决策；

③战略风险，其有4个维度——运营风险、资产风险、竞争风险和声誉风险。

本研究主要用SPSS 19.0软件分析各研究变量的样本容量、均值和标准差，具体结果见表5-3。

表5-3 研究变量的基本情况描述

变　　量	代码	样本容量	均值	标准差
内部利益相关者责任	NBLYZR	423	3.64	0.63
外部利益相关者责任	WBLYZR	423	3.59	0.67
功利主义决策	GLZY	423	3.54	0.59
利己主义决策	LJZY	423	2.76	0.66
运营风险	YY	423	2.12	0.71
资产风险	ZC	423	2.26	0.85
竞争风险	JZ	423	2.21	0.84
声誉风险	SY	423	2.20	0.81

从表5-3中可以看出：

①在企业社会责任维度中，内部利益相关者责任的均值为3.64，外部利益相关者责任的均值为3.59，这说明内部利益相关者责任与外部利益相关者责任几乎没有差距。

②在伦理决策中，功利主义决策的均值为3.54，利己主义决策的均值为2.76，这说明所调查企业的功利主义决策较为明显。

③战略风险的均值也大小不一，其中运营风险为2.12，最小；资产风险最大，为2.26。这说明目前我国的企业经营仍是以获取利润为重要目标。

5.2　量表的信度与效度检验

5.2.1　量表的信度检验

本研究使用SPSS 19.0与AMOS 17.0对量表的信度进行测量。

第一，α系数。这为最常用的方法。

第二，SMC，表示单个题项的信度。SMC取值为0~1之间。SMC值越大，信度就越高。一般情况下，SMC值大于0.5及以上，说明该题项的信度满足分析要求。而我国学者郑梅莲（2008）指出，在先导性的研究中，SMC值可以适当调整，如在社会学研究中SMC值最低可降至0.4。

第三，CR，表示变量的组合信度。CR属于内部一致性判断指标。CR值越大，组合信度就越高，各题项之间具有较好的关联性。Kline（1998）认为组合信度大于0.5以上可以接受，0.7为合适，0.8以上为非常合适。

第四，AVE，表示平均变异数抽取量。AVE是指潜在变量所引起的整体变异数的抽取程度。学者一般认为平均变异数抽取量大于0.5，则量表的信度可以接受。

（1）企业社会责任

根据上述测度指标及极值限制，本书首先对企业社会责任量表的信度展开研究，具体结果如表5-4所示。

由表5-4可知，企业社会责任量表包含内部利益相关者责任（员工责任、经营者责任与股东责任）与外部利益相关者责任（消费者责任、社区责任、合作伙伴责任与政府责任），41个题项的SMC值均在0.4以上，CR值都超过了0.8，AVE值也都大于0.5，α系数则都大于0.84。通过对以上指标的综合检验，企业社会责任量表的信度满足研究需要。

表 5-4　　　　　　　　企业社会责任量表的信度检验结果

变量	代码	标准化因子载荷	SMC	测量误差	CR	AVE	α系数
员工责任	YG1	0.72	0.52	0.48	0.89	0.50	0.89
	YG2	0.73	0.54	0.47			
	YG3	0.71	0.51	0.49			
	YG4	0.64	0.42	0.59			
	YG5	0.72	0.52	0.49			
	YG6	0.69	0.48	0.53			
	YG7	0.70	0.50	0.50			
	YG8	0.72	0.51	0.49			
经营者责任	JYZ1	0.75	0.56	0.44	0.89	0.54	0.87
	JYZ2	0.75	0.56	0.44			
	JYZ3	0.68	0.46	0.54			
	JYZ4	0.72	0.51	0.49			
	JYZ5	0.63	0.40	0.60			
	JYZ6	0.73	0.53	0.47			
	JYZ7	0.66	0.44	0.56			
股东责任	GD1	0.83	0.69	0.31	0.87	0.58	0.87
	GD2	0.75	0.56	0.44			
	GD3	0.79	0.62	0.38			
	GD4	0.76	0.58	0.42			
	GD5	0.65	0.42	0.58			
消费者责任	XFZ1	0.76	0.57	0.43	0.80	0.50	0.85
	XFZ2	0.78	0.61	0.39			
	XFZ3	0.78	0.61	0.39			
	XFZ4	0.75	0.57	0.43			
社区责任	SQ1	0.69	0.47	0.53	0.90	0.65	0.84
	SQ2	0.70	0.49	0.51			
	SQ3	0.65	0.42	0.58			
	SQ4	0.74	0.55	0.45			
	SQ5	0.82	0.67	0.33			

续表

变量	代码	标准化因子载荷	SMC	测量误差	CR	AVE	α系数
合作伙伴责任	HZHB1	0.79	0.63	0.37	0.93	0.62	0.93
	HZHB2	0.79	0.63	0.37			
	HZHB3	0.76	0.57	0.43			
	HZHB4	0.77	0.59	0.41			
	HZHB5	0.80	0.64	0.36			
	HZHB6	0.83	0.69	0.31			
	HZHB7	0.76	0.57	0.43			
	HZHB8	0.81	0.65	0.35			
政府责任	ZF1	0.78	0.60	0.40	0.84	0.57	0.84
	ZF2	0.84	0.70	0.30			
	ZF3	0.70	0.49	0.51			
	ZF4	0.69	0.48	0.52			

（2）伦理决策

使用同样的方法对伦理决策的量表信度进行检验，结果如表5-5所示。

在表5-5中，功利主义决策所含的8个题项、利己主义决策所含的3个题项的SMC值均在0.44以上，CR值也都超过了0.7，AVE值也大于或等于0.5，α系数则都大于或等于0.68。因此，由表5-5中各项指标的信度检验结果可知，伦理决策量表具有较高的信度，能够满足研究需要。

（3）战略风险

同理，战略风险量表的信度检验结果具体如表5-6所示。

由表5-6的结果可知，运营风险包含的6个题项、资产风险包含的5个题项、竞争风险包含的4个题项及声誉风险包含的4个题项的SMC值均在0.4以上，CR值也都超过了0.75，AVE值也都大于或等于0.5，α系数则都大于0.8。因此，通过对以上指标的信度检验，战略风险量表的信度较高。

表 5-5 伦理决策量表的信度检验结果

变量	代码	标准化因子载荷	SMC	测量误差	CR	AVE	α系数
功利主义决策	GLZY1	0.60	0.46	0.54	0.84	0.50	0.79
	GLZY2	0.57	0.53	0.47			
	GLZY3	0.53	0.58	0.42			
	GLZY4	0.55	0.50	0.50			
	GLZY5	0.56	0.61	0.39			
	GLZY6	0.60	0.57	0.44			
	GLZY7	0.59	0.45	0.55			
	GLZY8	0.57	0.62	0.38			
利己主义决策	LJZY1	0.68	0.66	0.34	0.72	0.62	0.68
	LJZY2	0.74	0.55	0.45			
	LJZY3	0.53	0.58	0.42			

表 5-6 战略风险量表的信度检验结果

变量	代码	标准化因子载荷	SMC	测量误差	CR	AVE	α系数
运营风险	YY1	0.69	0.48	0.52	0.84	0.50	0.84
	YY2	0.69	0.48	0.52			
	YY3	0.67	0.45	0.55			
	YY4	0.65	0.42	0.58			
	YY5	0.68	0.46	0.54			
	YY6	0.71	0.51	0.49			
资产风险	ZC1	0.71	0.51	0.49	0.89	0.58	0.87
	ZC2	0.77	0.59	0.41			
	ZC3	0.79	0.63	0.37			
	ZC4	0.78	0.61	0.40			
	ZC5	0.74	0.55	0.45			
竞争风险	JZ1	0.76	0.58	0.42	0.89	0.67	0.89
	JZ2	0.83	0.69	0.31			
	JZ3	0.81	0.65	0.35			
	JZ4	0.86	0.74	0.26			
声誉风险	SY1	0.77	0.59	0.41	0.78	0.61	0.82
	SY2	0.74	0.55	0.45			
	SY3	0.71	0.50	0.50			
	SY4	0.70	0.49	0.52			

5.2.2　量表的效度检验

本研究主要使用主成分分析法与验证性因子分析法来验证量表的效度。

首先，本书使用主成分分析法提取公因子，对企业社会责任的7个要素进行探索性因子分析，以分析量表的结构效度。

其次，通过计算AVE与非规范拟合指数（NNFI）来测度企业社会责任量表的收敛效度。

Bagozzi和Yi（1988）认为AVE的计算值大于0.5，则表明变量具有较好的收敛效度。

Ahire等（1996）指出可以使用NNFI值测度量表的收敛效度，NNFI值大于0.9，表明量表的收敛效度良好。

（1）企业社会责任

在对企业社会责任量表进行探索性因子分析时，首先进行KMO计算和Bartlett球体检验。企业社会责任的KMO值为0.963，Bartlett球体检验的卡方统计值的显著性概率为0.000，小于0.001，这些表明企业社会责任的7个要素适合作因子分析。

按照主成分分析法，企业社会责任共被提取出2个公因子。外部利益相关者责任中有21个题项落在公因子1上，内部利益相关者责任也均落在公因子2上，见表5-7。

表5-7　　　　　　　　企业社会责任的因子分析

代　码	公因子	
	1	2
HZHB6	0.771	
HZHB1	0.738	
HZHB7	0.721	
HZHB8	0.720	
HZHB4	0.719	
HZHB2	0.709	

续表

代　码	公因子	
	1	2
XFZ1	0.699	
HZHB5	0.696	
HZHB3	0.696	
XFZ2	0.683	
XFZ3	0.655	
ZF1	0.640	
XFZ4	0.624	
SQ2	0.606	
SQ5	0.604	
SQ4	0.597	
SQ1	0.581	
ZF3	0.581	
ZF4	0.563	
ZF2	0.542	
SQ3	0.531	
GD1		0.707
JYZ1		0.688
JYZ2		0.679
GD2		0.670
JYZ6		0.654
GD4		0.644
GD5		0.637
JYZ7		0.618
YG2		0.615
JYZ4		0.608
YG8		0.602
GD3		0.601
YG1		0.601
YG5		0.585
YG6		0.580

续表

代　码	公因子	
	1	2
YG3		0.571
JYZ3		0.566
YG7		0.563
JYZ5		0.561
YG4		0.542

企业社会责任量表的收敛效度分析如表5-8所示。内部利益相关者责任（员工责任、经营者责任与股东责任）与外部利益相关者责任（消费者责任、社区责任、合作伙伴责任与政府责任）的AVE值都大于或等于0.5，NNFI值也都大于0.96。从这两个指标的综合结果可以看出，企业社会责任量表的收敛效度较高。

表5-8　　企业社会责任的收敛效度分析

变量	员工责任	经营者责任	股东责任	消费者责任	社区责任	合作伙伴责任	政府责任
AVE	0.50	0.54	0.58	0.50	0.65	0.62	0.57
NNFI	0.983	0.971	0.969	0.998	0.983	0.972	0.985

（2）伦理决策

本书使用主成分分析法来提取公因子，对伦理决策的11个题项进行探索性因子分析。

在对伦理决策进行探索性因子分析时，首先进行KMO计算和Bartlett球体检验。伦理决策的KMO值为0.843，Bartlett球体检验的卡方统计值的显著性概率为0.000，小于0.001，这些表明伦理决策的11个题项适合作因子分析。

按照主成分分析法，伦理决策共被提取出2个公因子。功利主义决策的8个题项均落在公因子1上，利己主义决策的3个题项均落在公因子2上，如表5-9所示。

表5-9   伦理决策的因子分析

代　码	公因子	
	1	2
GLZY1	0.668	
GLZY2	0.636	
GLZY6	0.634	
GLZY7	0.630	
GLZY8	0.626	
GLZY3	0.605	
GLZY5	0.601	
GLZY4	0.599	
LJZY2		0.790
LJZY1		0.698
LJZY3		0.640

接着，本书使用结构方程模型对伦理决策量表进行验证性因子分析，通过计算各个维度的AVE值及NNFI值来判断其收敛效度。结果如表5-10所示，功利主义决策和利己主义决策的AVE值都大于或等于0.5，NNFI值也都大于0.97。从这两个指标的综合结果可以看出，伦理决策量表的收敛效度较高。

表5-10   伦理决策的收敛效度分析

变　量	功利主义决策	利己主义决策
AVE	0.50	0.62
NNFI	0.974	0.996

（3）战略风险

本书使用主成分分析法来提取公因子，对战略风险的19个题项进行探索性因子分析。

在对战略风险进行探索性因子分析时，首先进行KMO计算和Bartlett球体检验。战略风险的KMO值为0.909，Bartlett球体检验的卡方统计值的显著性概率为0.000，小于0.001，这些表明战略风险的19个题项很适合作因子分析。按照主成分分析法，战略风险共被提取出4个公因子，见表5-11。

表 5-11 战略风险的因子分析

代 码	公因子			
	1	2	3	4
YY2	0.731			
YY6	0.722			
YY3	0.713			
YY4	0.710			
YY5	0.709			
YY1	0.708			
ZC4		0.809		
ZC3		0.791		
ZC2		0.782		
ZC5		0.763		
ZC1		0.741		
JZ4			0.837	
JZ2			0.819	
JZ3			0.796	
JZ1			0.773	
SY2				0.795
SY1				0.770
SY3				0.758
SY4				0.725

接着，本书使用结构方程模型对战略风险量表进行验证性因子分析，通过计算各个维度的 AVE 值及 NNFI 值来判断其收敛效度。结果如表 5-12 所示，运营风险、资产风险、竞争风险及声誉风险的 AVE 值都大于或等于 0.5，NNFI 值也都大于 0.98。从这两个指标的综合结果可以看出，战略风险量表的收敛效度较高。

表 5-12 战略风险的收敛效度分析

变量	运营风险	资产风险	竞争风险	声誉风险
AVE	0.50	0.58	0.67	0.61
NNFI	0.983	0.983	0.999	0.983

5.3 相关分析

本研究主要用相关分析法确定企业战略风险、功利主义决策、利己主义决策和企业社会责任之间的相关关系（见表 5-13）。

表5-13　变量相关分析结果

变量	1	2	3	4	5	6	7	8	9	10	11	12	13	14	15	16
1.性质	1															
2.成立年限	-0.145**	1														
3.规模	0.030	-0.056	1													
4.职位	0.102*	0.047	0.08	1												
5.性别	-0.048	0.078	-0.027	0.015	1											
6.年龄	-0.025	0.164**	-0.026	-0.038	0.012	1										
7.教育程度	0.076	0.149**	-0.016	0.350**	0.037	0.145**	1									
8.工作年限	0.105*	0.106*	0.052	0.336**	-0.002	0.436**	0.470**	1								
9.NBLYZR	0.025	0.286**	0.014	-0.009	0.010	0.413**	0.217**	0.203**	1							
10.WBLYZR	0.048	0.268**	0.009	0.051	-0.036	0.338**	0.194**	0.191**	0.694**	1						
11.GLZY	0.062	0.228**	0.007	0.031	0.043	0.238**	0.120*	0.160**	0.581**	0.521**	1					
12.LJZY	-0.047	0.030	0.015	-0.123*	0.012	-0.023	-0.095	-0.053	-0.148**	-0.143**	-0.208**	1				
13.运营风险	-0.133**	-0.123*	-0.019	-0.028	0.004	-0.117	-0.117	-0.101*	-0.417**	-0.396**	-0.416**	0.284**	1			
14.资产风险	-0.037	-0.116*	0.046	-0.004	-0.053	-0.175**	-0.093	-0.070	-0.421**	-0.414**	-0.347**	0.238**	0.391**	1		
15.竞争风险	-0.058	-0.066	-0.038	0.018	0.047	-0.231**	-0.083	-0.100*	-0.396**	-0.408**	-0.359**	0.276**	0.407**	0.406**	1	
16.声誉风险	0.031	-0.099*	-0.026	0.082	-0.033	-0.269**	-0.033	-0.152**	-0.475**	-0.487**	-0.402**	0.241**	0.340**	0.361**	0.481**	1
均值	2.040	2.310	1.083	2.288	1.369	2.300	3.030	2.810	3.643	3.600	3.540	2.760	2.120	2.260	2.210	2.200
标准差	1.459	0.957	0.351	1.003	0.483	0.909	0.910	1.238	0.628	0.667	0.586	0.656	0.707	0.853	0.845	0.810

注：NBLYZR、WBLYZR 分别代表内外部利益相关者责任，GLZY、LJZY 分别代表功利主义决策与利己主义决策；*表示 $p<0.1$，**表示 $p<0.05$，***表示 $p<0.01$，下同。

从表 5-13 中可知，内外部利益相关者责任、功利主义决策与运营风险、资产风险、竞争风险和声誉风险之间呈负相关关系（p<0.01），内外部利益相关者责任与利己主义决策之间呈负相关关系（p<0.01），利己主义决策与运营风险、资产风险、竞争风险和声誉风险之间呈正相关关系（p<0.01）。上述相关关系分析的结果初步印证了本书的理论假设。

5.4 假设检验

5.4.1 主效应检验

本部分采用层级回归分析的方法分别对企业内部利益相关者责任、外部利益相关者责任与战略风险的假设关系进行验证。

在检验理论模型中企业社会责任影响战略风险的主效应时，本研究引入了 8 个控制变量，然后考查内部利益相关者责任、外部利益相关者责任对战略风险总体的影响。其主要有以下几个步骤：

第一，在模型 M1 中加入性质、成立年限、规模 3 个企业层面的控制变量，以及职位、性别、年龄、教育程度和工作年限 5 个个人层面的控制变量。

第二，在模型 M2 中加入内部利益相关者责任和外部利益相关者责任维度。

第三，在模型 3 中加入功利主义决策和利己主义决策维度，以此来验证对战略风险的影响。

主效应层级回归的结果如表 5-14 所示。

由模型 M2 可知，内部利益相关者责任的履行能显著降低战略风险发生的概率（β=-0.35，p<0.01），外部利益相关者责任的履行也可以有效规避战略风险（β=-0.342，p<0.01），假设 H1 与 H2 获得实证支持。

表5-14 主效应层级回归结果

变量	战略风险				
	M1	M2	M3	M4	M5
性质	-0.093*	-0.045	-0.034	-0.028	-0.035
成立年限	-0.107**	0.045	0.058	0.080	0.036
规模	-0.023	0.002	0.001	-0.007	-0.006
职位	0.050	0.034	0.037	0.035	0.066*
性别	-0.006	-0.030	-0.020	-0.031	-0.029
年龄	-0.232***	0.004	-0.005	0.010	-0.009
教育程度	-0.077	0.027	0.015	0.017	0.034
工作年限	0.004	-0.029	-0.016	-0.003	-0.027
NBLYZR		-0.350***	-0.256***	-0.291***	-0.282***
WBLYZR		-0.342***	-0.293***	-0.383***	-0.272***
GLZY			-0.222***	-0.318***	-0.188***
LJZY			0.266***	0.302***	0.292***
η_1				0.131**	
η_2				0.150**	
η_3				-0.147**	
η_4				-0.134**	
η_5					-0.160***
η_6					0.016
R^2	0.091	0.336	0.395	0.464	0.449
ΔR^2	0.074	0.321	0.380	0.447	0.482
F	5.188***	23.209***	26.882***	27.269***	29.017***

注：η_1=NBLYZR*LJZY；η_2=WBLYZR*LJZY；η_3=NBLYZR*GLZY；η_4=WBLYZR*GLZY；η_5=NBLYZR*GLZY*LJZY；η_6=WBLYZR*GLZY*LJZY；下同。

5.4.2 分维度检验

在假设H1和假设H2的检验中，战略风险作为一个整体的概念被引入到研究模型中，通过层级回归分析方法初步验证了企业社会责任与战略风险的关系，即企业社会责任的内部利益相关者责任与外部利益相关者责任均显著负向影响战略风险。

战略风险又进一步分为运营风险、资产风险、竞争风险与声誉风险4个维度。这4个维度的战略风险的侧重点不同。运营风险和资产风险主要与企业的经营活动密切相关，直接影响到企业经济利润的获取。竞争风险和声誉风险对战略风险的影响较运营风险和资产风险要弱。竞争风险可能会受到外部制度环境的压力而不得不履行，而运营风险与资产风险则更多地依靠企业的能力与资源，也更能体现伦理性。因此，本部分将采用层级回归分析方法对企业社会责任和战略风险分维度之间的关系进行验证，具体结果见表5-15、表5-16。

表5-15 CSR对战略风险的影响（利己主义决策的调节效应）

变量	运营风险				资产风险			
	M6	M7	M8	M9	M10	M11	M12	M13
性质	-0.147***	-0.112**	-0.109**	-0.108**	-0.057	-0.021	-0.019	-0.016
成立年限	-0.121**	-0.010	-0.030	-0.021	-0.085*	0.027	0.011	0.018
规模	-0.026	-0.007	-0.014	-0.006	0.033	0.051	0.046	0.053
职位	0.021	0.006	0.032	0.041	0.006	-0.006	0.014	0.022
性别	0.009	-0.006	-0.008	-0.007	-0.043	-0.061	-0.062	-0.061
年龄	-0.089*	0.086	0.078	0.084*	-0.172***	0.002	-0.004	0.000
教育程度	-0.083	-0.005	0.003	0.014	-0.075	0.002	0.009	0.014
工作年限	-0.001	-0.025	-0.030	-0.027	0.051	0.027	0.023	0.028
NBLYZR		-0.299***	-0.271***	-0.290***		-0.264***	-0.242***	-0.267***
WBLYZR		-0.204***	-0.187***	-0.187***		-0.245***	-0.232***	-0.224***
LJZY			0.218***	0.248***.			0.171***	0.194***
η_1				0.111*				0.151**
η_2				0.038				-0.026
R^2	0.054	0.215	0.260	0.278	0.049	0.214	0.241	0.258
ΔR^2	0.036	0.196	0.240	0.255	0.031	0.195	0.221	0.234
F	2.977***	11.265***	13.118***	12.130***	2.683***	11.193***	11.890***	10.928***
变量	竞争风险				声誉风险			
	M14	M15	M16	M17	M18	M19	M20	M21
性质	-0.067	-0.035	-0.032	-0.030	0.015	0.056	0.058	0.056
成立年限	-0.039	0.062	0.043	0.054	-0.058	0.070	0.054	0.060
规模	-0.048	-0.032	-0.039	-0.029	-0.039	-0.019	-0.024	-0.022
职位	0.032	0.024	0.050	0.061	0.105**	0.093**	0.115**	0.119***
性别	0.050	0.033	0.032	0.032	-0.028	-0.050	-0.051	-0.051
年龄	-0.233***	-0.078	-0.086	-0.079	-0.217***	-0.021	-0.028	-0.024
教育程度	-0.070	-0.001	0.007	0.019	0.013	0.099**	0.106**	0.117**
工作年限	0.038	0.016	0.012	0.016	-0.092	-0.119**	-0.122**	-0.125**
NBLYZR		-0.205***	-0.176***	-0.201***		-0.258***	-0.234***	-0.230***
WBLYZR		-0.257***	-0.240***	-0.240***		-0.325***	-0.311***	-0.324***
LJZY			0.219***	0.255***			0.181***	0.200***
η_1				0.144**				-0.040
η_2				0.040				0.118*
R^2	0.067	0.204	0.249	0.277	0.089	0.306	0.337	0.345
ΔR^2	0.049	0.184	0.229	0.254	0.071	0.289	0.319	0.324
F	3.727***	10.530***	12.385***	12.081***	5.029***	18.139***	18.970***	16.540***

表 5-16　CSR 对战略风险的影响（功利主义决策的调节效应）

变量	运营风险				资产风险			
	M22	M23	M24	M25	M26	M27	M28	M29
性质	-0.147***	-0.112*	-0.102**	-0.095**	-0.057	-0.021	-0.016	-0.009
成立年限	-0.121***	-0.010	0.003	0.023	-0.085*	0.027	0.033	0.056
规模	-0.026**	-0.007	-0.008	-0.010	0.033	0.051	0.051	0.044
职位	0.021	0.006	0.009	0.006	0.006	-0.006	-0.004	-0.007
性别	0.009	-0.006	0.004	-0.002	-0.043	-0.061	-0.055	-0.066
年龄	-0.089*	0.086	0.077	0.088*	-0.172***	0.002	-0.003	0.012
教育程度	-0.083	-0.005	-0.018	-0.016	-0.075	0.002	-0.004	-0.002
工作年限	-0.001	-0.025	-0.012	-0.003	0.051	0.027	0.034	0.045
NBLYZR		-0.299***	-0.203***	-0.243***		-0.264***	-0.215***	-0.254***
WBLYZR		-0.204***	-0.153**	-0.202***		-0.245***	-0.220***	-0.301***
GLZY			-0.227***	-0.297***			-0.116***	-0.209***
η_1				-0.176**				-0.166**
η_2				-0.028				-0.105
R^2	0.054	0.215	0.247	0.270	0.049	0.214	0.222	0.259
ΔR^2	0.036	0.196	0.227	0.247	0.031	0.195	0.201	0.235
F	2.977***	11.265***	12.253***	11.658***	2.683***	11.193***	10.662***	10.984***

变量	竞争风险				声誉风险			
	M30	M31	M32	M33	M34	M35	M36	M37
性质	-0.067	-0.035	-0.027	-0.025	0.015	0.056	0.063	0.064
成立年限	-0.039	0.062	0.072	0.083*	-0.058	0.070	0.079*	0.087**
规模	-0.048	-0.032	-0.032	-0.041	-0.039	-0.019	-0.019	-0.028
职位	0.032	0.024	0.026	0.026	0.105*	0.093*	0.095**	0.096**
性别	0.050	0.033	0.041	0.031	-0.028	-0.050	-0.043	-0.051
年龄	-0.233***	-0.078	-0.085	-0.074	-0.217***	-0.021	-0.027	-0.018
教育程度	-0.070	-0.001	-0.011	-0.010	0.013	0.099**	0.091*	0.092*
工作年限	0.038	0.016	0.026	0.0035	-0.092	-0.119**	-0.110**	-0.103*
NBLYZR		-0.205***	-0.134**	-0.145**		-0.258***	-0.197***	-0.203***
WBLYZR		-0.257***	-0.221***	-0.293***		-0.325***	-0.293***	-0.358***
GLZY			-0.166***	-0.228***			-0.144***	-0.197***
η_1				-0.040				-0.019
η_2				-0.143*				-0.138*
R^2	0.067	0.204	0.221	0.238	0.089	0.306	0.319	0.331
ΔR^2	0.049	0.184	0.200	0.213	0.071	0.289	0.300	0.310
F	3.727***	10.530***	10.585***	9.807***	5.029***	18.139***	17.476***	15.596***

在表5-15中，模型M6至模型M8以运营风险为结果变量，在引入控制变量后考查内部利益相关者责任、外部利益相关者责任、利己主义决策对运营风险的影响。结果表明，内部利益相关者责任（β=-0.299，p<0.01）、外部利益相关者责任（β=-0.204，p<0.01）能显著降低运营风险的发生概率，利己主义决策（β=0.218，p<0.01）也能显著削弱运营风险的影响。假设H1a与假设H2a获得了支持。

模型M10至模型M12以资产风险为结果变量，在引入控制变量后考查内部利益相关者责任、外部利益相关者责任、利己主义决策对资产风险的影响。结果表明，内部利益相关者责任（β=-0.264，p<0.01）、外部利益相关者责任（β=-0.245，p<0.01）能显著降低资产风险发生的概率，利己主义决策（β=0.171，p<0.01）却显著增强了对资产风险的影响，假设H1b与假设H2b通过验证。

模型M14至模型M16以竞争风险为结果变量，在引入控制变量后考查内部利益相关者责任、外部利益相关者责任、利己主义决策对竞争风险的影响。结果表明，内部利益相关者责任（β=-0.205，p<0.01）、外部利益相关者责任（β=-0.257，p<0.01）能显著降低竞争风险发生的概率，利己主义决策（β=0.219，p<0.01）却显著增强了对竞争风险的影响，假设H1c与假设H2c通过得到实证支持。

模型M18至模型M20以声誉风险为结果变量，在引入控制变量后考查内部利益相关者责任、外部利益相关者责任、利己主义决策对声誉风险的影响。结果表明，内部利益相关者责任（β=-0.258，p<0.01）、外部利益相关者责任（β=-0.325，p<0.01）能显著降低声誉风险的发生概率，利己主义决策（β=0.181，p<0.01）却显著增强了对声誉风险的影响，假设H1d与假设H2d通过验证。

在表5-16中，模型M22至模型M24以运营风险为结果变量，在引入控制变量后考查内部利益相关者责任、外部利益相关者责任与功利主义决策对运营风险的影响。结果表明，内部利益相关者责任（β=-0.299，p<0.01）、外部利益相关者责任（β=-0.204，p<0.01）能显著降低运营风险发生的概率，功利主义决策（β=-0.227，p<0.01）也能显著削弱运营风险的影响，假设H1a与假设H2a再次获得了支持。

模型M26至模型M28以资产风险为结果变量，在引入控制变量后考查内部利益相关者责任、外部利益相关者责任、功利主义决策对资产风险的影响。结果表明，内部利益相关者责任（β=-0.264，p<0.01）、外部利益相关者责任（β=-0.245，p<0.01）能显著降低资产风险发生的概率，功利主义决策（β=-0.116，p<0.01）也能显著削弱资产风险的影响，假设H1b与假设H2b再次通过验证。

模型M30至模型M32以竞争风险为结果变量，在引入控制变量后考查内部利益相关者责任、外部利益相关者责任、功利主义决策对竞争风险的影响。结果表明，内部利益相关者责任（β=-0.205，p<0.01）、外部利益相关者责任（β=-0.257，p<0.01）能显著降低竞争风险发生的概率，功利主义决策（β=-0.166，p<0.01）也能显著削弱竞争风险的影响，假设H1c与假设H2c再次获得了支持。

模型M34至模型M36以声誉风险为结果变量，在引入控制变量后考查内部利益相关者责任、外部利益相关者责任、功利主义决策对声誉风险的影响。结果表明，内部利益相关者责任（β=-0.258，p<0.01）、外部利益相关者责任（β=-0.325，p<0.01）能显著降低声誉风险发生的概率，功利主义决策（β=-0.144，p<0.01）也能显著削弱声誉风险的影响，假设H1d与假设H2d再次通过验证。

5.4.3 调节效应检验

调节作用主要是讨论某变量对其他变量之间相互关系所产生的影响。

（1）探讨调节变量在主效应中的调节功能

在表 5-14 的模型 M3 中，功利主义决策（$\beta=-0.222$，$p<0.01$）能够显著降低战略风险发生的概率，利己主义决策（$\beta=0.266$，$p<0.01$）则会进一步提高战略风险发生的概率，且通过分别回归功利主义决策与内外部利益相关者责任的交互作用 η_3（$\beta=-0.147$，$p<0.05$）、η_4（$\beta=-0.134$，$p<0.05$）和利己主义决策与内外部利益相关者责任的交互作用 η_1（$\beta=0.131$，$p<0.05$）、η_2（$\beta=0.15$，$p<0.05$）对战略风险的影响，结果汇总如模型 M4 所示。这说明无论是功利主义决策还是利己主义决策，作为调节变量，都会对内外部利益相关者责任对战略风险的影响产生（抑制或促进）作用，假设 H3、H4、H5 与 H6 都得到验证。

而在模型 M5 中，重点考查内外部利益相关者责任与功利主义决策、利己主义决策的交互作用对战略风险的影响。如前文所述，在一个企业中，不可能仅仅存在单一的功利主义者与利己主义者。因此，在我国传统儒家文化的大环境下，人们决策的时候总会考虑道义、仁信，而不只是为了满足个人私欲。通过实证发现，内外部利益相关者责任与功利主义决策的三项交互作用 η_5（$\beta=-0.16$，$p<0.01$）对战略风险产生显著的抑制作用，这符合我国的实际国情与思想文化传统的观念。但是内外部利益相关者责任与利己主义决策的三项交互作用 η_6（$\beta=0.016$，p 不显著）对战略风险的抑制作用没有得到验证。因此，假设 H7 通过检验，假设 H8 未通过实证检验。

（2）验证分维度视角下调节变量的作用

在表 5-15 中，模型 M9、M13、M17 与 M21 分别探讨了内外部利益相关者责任与利己主义决策的交互作用对运营风险、资产风险、竞争风险及声誉风险的影响。

在模型M9中，利己主义决策与内部利益相关者责任的交互作用 η_1（$\beta=0.111$，$p<0.1$）对运营风险产生正向影响，提高了运营风险产生的概率；利己主义决策与外部利益相关者责任的交互作用 η_2（$\beta=0.038$，p不显著）对运营风险未产生任何影响。

在模型M13中，利己主义决策与内部利益相关者责任的交互作用 η_1（$\beta=0.151$，$p<0.05$）对资产风险产生显著的正向影响，提高了资产风险产生的概率；利己主义决策与外部利益相关者责任的交互作用 η_2（$\beta=-0.026$，p不显著）对资产风险未产生任何影响。

在模型M17中，利己主义决策与内部利益相关者责任的交互作用 η_1（$\beta=0.144$，$p<0.05$）对竞争风险产生显著的正向影响，提高了竞争风险产生的概率；利己主义决策与外部利益相关者责任的交互作用 η_2（$\beta=0.04$，p不显著）对竞争风险未产生任何影响。

在模型M21中，利己主义决策与内部利益相关者责任的交互作用 η_1（$\beta=-0.04$，p不显著）对声誉风险未产生影响；利己主义决策与外部利益相关者责任的交互作用 η_2（$\beta=0.118$，$p<0.1$）对声誉风险产生正向影响，提高了声誉风险产生的概率。

综上所述，假设H3a至H3c、H4d通过检验，而H3d、H4a至H4c未通过验证。

在表5-16中，模型M25、M29、M33与M37分别探讨了内外部利益相关者责任与功利主义决策的交互作用对运营风险、资产风险、竞争风险及声誉风险的影响。

在模型M25中，功利主义决策与内部利益相关者责任的交

互作用 η_1（β=-0.176，$p<0.05$）对运营风险产生显著的抵御功能，降低了运营风险产生的概率；功利主义决策与外部利益相关者责任的交互作用 η_2（β=-0.028，p 不显著）对运营风险未产生任何影响。

在模型 M29 中，功利主义决策与内部利益相关者责任的交互作用 η_1（β=-0.166，$p<0.05$）对资产风险产生显著的抑制影响，降低了资产风险产生的概率；功利主义决策与外部利益相关者责任的交互作用 η_2（β=-0.105，p 不显著）对资产风险未产生任何影响。

在模型 M33 中，功利主义决策与内部利益相关者责任的交互作用 η_1（β=-0.04，p 不显著）未对竞争风险产生显著影响；功利主义决策与外部利益相关者责任的交互作用 η_2（β=-0.143，$p<0.1$）对竞争风险产生抑制作用，降低了竞争风险产生的概率。

在模型 M37 中，功利主义决策与内部利益相关者责任的交互作用 η_1（β=-0.019，p 不显著）对声誉风险未产生影响；功利主义决策与外部利益相关者责任的交互作用 η_2（β=-0.138，$p<0.1$）对声誉风险产生抑制作用，降低了声誉风险产生的概率。

综上所述，假设 H5a、H5b、H6c 与 H6d 通过检验，而 H5c、H5d、H6a 与 H6b 未通过验证。

为了进一步比较在不同伦理决策的调节下自变量对结果变量的效应模式的差异性，本研究使用简单坡度法，以功利主义决策与利己主义决策的均值加减一个标准差为基础进行分组，绘制在伦理决策调节效应下企业社会责任与战略风险的关系效应图。由于篇幅局限，本研究只绘出在高、低企业伦理决策水平下，外部利益相关者责任与声誉风险的关系效应图，具体结果如图 5-1 和图 5-2 所示。

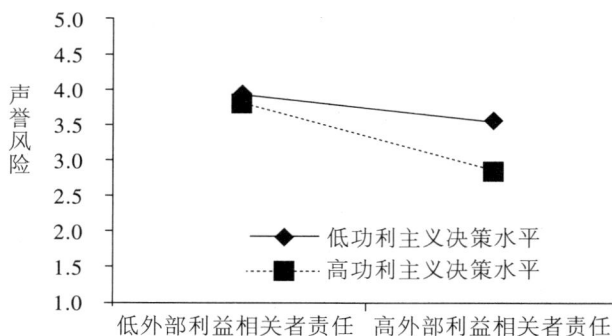

图 5-1　功利主义决策对外部利益相关者责任与声誉风险关系的调节效应

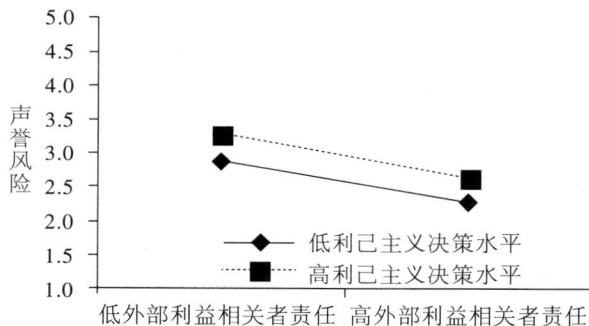

图 5-2　利己主义决策对外部利益相关者责任与声誉风险关系的调节效应

　　由图 5-1 可知，在高功利主义决策水平下，外部利益相关者责任降低声誉风险的程度较强；在低功利主义决策水平下，外部利益相关者责任降低声誉风险的程度较弱。图 5-2 显示，在高利己主义决策水平下，外部利益相关者责任降低声誉风险的程度较弱；在低利己主义决策水平下，外部利益相关者责任降低声誉风险的程度较强。

5.5　研究结果

　　本书现将相关的研究假设的实证结果作简单的汇总。从实证结果分析可知，本书所提出的假设绝大部分得到了证实（见表

5-17）。

表 5-17 　　　　　　　　　　**研究假设总结**

编号	假设描述	是否支持假设
H1	企业履行内部利益相关者责任能显著降低战略风险	成立
H1a	企业履行内部利益相关者责任能显著降低运营风险	成立
H1b	企业履行内部利益相关者责任能显著降低资产风险	成立
H1c	企业履行内部利益相关者责任能显著降低竞争风险	成立
H1d	企业履行内部利益相关者责任能显著降低声誉风险	成立
H2	企业履行外部利益相关者责任能显著降低战略风险	成立
H2a	企业履行外部利益相关者责任能显著降低运营风险	成立
H2b	企业履行外部利益相关者责任能显著降低资产风险	成立
H2c	企业履行外部利益相关者责任能显著降低竞争风险	成立
H2d	企业履行外部利益相关者责任能显著降低声誉风险	成立
H3	利己主义决策作为调节变量，将调节内部利益相关者责任与规避战略风险之间的关系	成立
H3a	利己主义决策作为调节变量，将调节内部利益相关者责任与规避运营风险之间的关系	成立
H3b	利己主义决策作为调节变量，将调节内部利益相关者责任与规避资产风险之间的关系	成立
H3c	利己主义决策作为调节变量，将调节内部利益相关者责任与规避竞争风险之间的关系	成立
H3d	利己主义决策作为调节变量，将调节内部利益相关者责任与规避声誉风险之间的关系	不成立
H4	利己主义决策作为调节变量，将调节外部利益相关者责任与规避战略风险之间的关系	成立
H4a	利己主义决策作为调节变量，将调节外部利益相关者责任与规避运营风险之间的关系	不成立
H4b	利己主义决策作为调节变量，将调节外部利益相关者责任与规避资产风险之间的关系	不成立
H4c	利己主义决策作为调节变量，将调节外部利益相关者责任与规避竞争风险之间的关系	不成立

续表

编号	假设描述	是否支持假设
H4d	利己主义决策作为调节变量，将调节外部利益相关者责任与规避声誉风险之间的关系	成立
H5	功利主义决策作为调节变量，将调节内部利益相关者责任与规避战略风险之间的关系	成立
H5a	功利主义决策作为调节变量，将调节内部利益相关者责任与规避运营风险之间的关系	成立
H5b	功利主义决策作为调节变量，将调节内部利益相关者责任与规避资产风险之间的关系	成立
H5c	功利主义决策作为调节变量，将调节内部利益相关责任者与规避竞争风险之间的关系	不成立
H5d	功利主义决策作为调节变量，将调节内部利益相关者责任与规避声誉风险之间的关系	不成立
H6	功利主义决策作为调节变量，将调节外部利益相关者责任与规避战略风险之间的关系	成立
H6a	功利主义决策作为调节变量，将调节外部利益相关者责任与规避运营风险之间的关系	不成立
H6b	功利主义决策作为调节变量，将调节外部利益相关者责任与规避资产风险之间的关系	不成立
H6c	功利主义决策作为调节变量，将调节外部利益相关者责任与规避竞争风险之间的关系	成立
H6d	功利主义决策作为调节变量，将调节外部利益相关者责任与规避声誉风险之间的关系	成立
H7	内部利益相关者责任、功利主义决策与利己主义决策三项交互作用，将调节企业社会责任与规避战略风险之间的关系	成立
H8	外部利益相关者责任、功利主义决策与利己主义决策三项交互作用，将调节企业社会责任与规避战略风险之间的关系	不成立

对本书之前所提出的 32 个研究假设分别进行详细的实证检验后，研究结果与预期结果基本保持了一致。本书通过实证研究主要得出了以下结果：

（1）CSR 能够显著降低企业战略风险

首先，企业履行社会责任有助于战略风险的规避。本书认为 CSR 为企业发展提供了坚实的社会基础与资源条件，是企业可持续发展与战略制定的"助推器"，有效化解各种压力与风险，得到广大利益相关者的支持与响应，引导企业投资者的战略投资行为，同时降低战略风险。

其次，CSR 是企业经营与风险规避的"缓冲器"，能够及时响应传递危机的信号，柔性处理各种来自企业内部及外界的压力，提升企业对战略风险的应对能力。因此，企业履行内部利益相关者责任和外部利益相关者责任对战略风险的影响十分显著，假设 H1 与 H2 得到验证。

另外，本书发现内外部利益相关者责任与战略风险之间存在不同程度的内在关联，且企业基于此种内在关联合理履行内外部利益相关者责任是规避战略风险的重要基础。

刘红（2014）虽然探讨了企业履行社会责任可以大大降低期货公司的战略风险、操作风险、法律风险和声誉风险，但是没有详细分析企业社会责任的不同维度的具体影响路径。

Neubaum 等（2012）指出履行内外部利益相关者责任对企业的财务绩效影响是非常显著的，但是没有对战略风险的四个维度都进行探讨。

本书进一步细化了 CSR 与战略风险之间的关系。结果发现，无论是内部还是外部利益相关者责任的履行都会有效降低企业的运营风险、资产风险、竞争风险与声誉风险。

同时，在我国经济体制下，CSR 的内外部利益相关者责任对战略风险的不同维度的影响程度不同。当企业履行内部利益相关者责任时，其对战略风险中的运营风险与资产风险的影响更为显著；当企业履行外部利益相关者责任时，其对战略风险中的竞争风险与声誉风险的影响更为显著。这是与战略风险的不同维度的特性相关的。

战略风险的不同维度风险的发生概率及造成的危害是不同的。由于战略风险是难以防控且无法预料的，其不同维度的危害程度重点取决于对不同利益相关者的利益分配的平衡上。本书的细化研究结果表明，由于战略风险的不同维度的危害程度及发生态势的特点不同，内部利益相关者责任与外部利益相关者责任对战略风险产生了一定程度的差异化影响。这表明企业在对战略风险的防控过程中，要谨慎处理内外部利益相关者的利益需求。通过实证分析，假设 H1a 至 H1d 和假设 H2a 至 H2d 都得到了支持。

（2）伦理决策对 CSR 和战略风险间的关系起调节作用

本书基于商业伦理理论的目的论途径，从利己主义决策与功利主义决策两种产生背反效应的决策视角出发，来探讨伦理决策对企业社会责任与战略风险之间关系的调节作用。通过本书的实证检验，利己主义决策与功利主义决策针对不同的企业社会责任与战略风险的不同维度，会产生不同的作用效果。

本书认为利己主义决策对战略风险的影响与战略风险的性质紧密相关，甚至产生相悖的效果。同时，本书认为利己主义决策对 CSR 与战略风险之间关系的调节作用不能说是简单的促进或抑制作用，而是与 CSR 的特征有关。对于外部利益相关者责任对战略风险的影响，利己主义决策起到了弱化的作用，而对于内部利益相关者责任对战略风险的规避作用，利己主义决策同样起到了抑制的作用。研究结果与假设一致，假设 H3 与 H4 成立。

同时，利己主义决策为解决企业内外部利益相关者的利益分配提供了具有含糊性的"可视化"方案。它将企业的盈利目标与股东的利益需求紧密结合起来，而对满足诸如员工、消费者等的利益需求的信息表述不太明显，这会形成以企业盈利为目标导向的企业战略决策，而降低了对除股东以外的利益相关者的利益需求的关注度，也降低了企业的内外部协作程度与资源获取能力，增加了企业的风险因素。

理论假设虽然提出利己主义决策会弱化 CSR 对战略风险的影响，但是实证检验发现 H3a 至 H3c、H4 成立，而假设 H3d、假设 H4a 至 H4c 不成立。

假设 H3d 不成立的原因是，在企业履行内部利益相关者责任时，内部利益相关者是企业生存与发展的基础；反过来，企业经营好坏对内部利益相关者利益的实现具有重大影响。因此，在声誉风险上，对于内部利益相关者来讲，存在"虚假"声誉的现象，企业为了取得良好的经营业绩，即便是在利己主义的决策机制下，也没有弱化 CSR 对战略风险的抑制作用。

假设 H4a 至 H4c 不成立的原因可能是，我国企业高管人员的战略决策水平较低或能力不强，导致即便在利己主义决策机制下，仍无法消除企业内外部关系的模糊性，无法将企业社会责任与利己主义决策相结合，将利己主义决策转化为企业经营目标导向。加上我国传统文化倡导"天下为公""集体主义"等思想，使用利己主义决策开展战略风险规避的行为较少，使假设没有成立。

功利主义决策机制是一种通盘考虑，将各方利益相关者的利益需求进行综合考量，体现了企业的伦理道德以及维护社会与企业和谐发展的思想。本书认为从功利主义决策机制的视角出发，企业能够有效分配资源，关注整体目标，具有顾全大局的意识，从而形成了企业对各方利益相关者的利益需求的均衡资源分配。这与假设结果相一致，即假设 H5、H6 得到实证检验。但假设 H5c、H5d、H6a 与 H6b 不成立。

假设 H5c 与 H5d 不成立的原因可能是，在功利主义决策机制下，企业战略风险中的竞争风险与声誉风险来自市场外部，如产品市场的竞争者、合作伙伴以及消费者等。企业使用企业资源履行内部利益相关者责任，可能会弱化履行外部利益相关者责任的程度，加重对竞争深度及声誉损伤的影响，而无法弱化企业履行内部利益相关者责任对战略风险的影响。

假设 H6a 与 H6b 不成立的原因可能是，在功利主义决策机制下，虽然企业会综合考虑各方利益相关者的利益需求，但是各方的利益需求的重要程度不同，而且在履行外部利益相关者责任的情境下，企业资源容易分配不均；同时，企业的资产风险和运营风险与内部利益相关者密切相关，因此，履行外部利益相关者责任可能会造成适得其反的效果。

而在我国传统儒家文化的影响下，即便在企业内部存在利己主义与功利主义双重决策机制，企业也会为长远发展考虑，响应国家大政方针与社会号召，积极履行社会责任，有效规避各种风险。

考虑在我国现实情境下存在的各种影响因素，本书认为内部利益相关者责任、功利主义决策与利己主义决策三项交互作用，将会强化 CSR 影响战略风险的程度，外部利益相关者责任、功利主义决策与利己主义决策三项交互作用，也将会强化 CSR 影响战略风险的程度。研究结果显示，假设 H7 成立，假设 H8 不成立。假设 H8 不成立的原因可能与企业高管人员的伦理决策水平及外部利益相关者对企业的重要程度有关，但是这一解释需要进一步验证。

第6章　研究结论与展望

6.1　研究结论

　　本研究依据利益相关者理论、契约理论、商业伦理理论、群体决策理论、风险管理理论等基础理论，围绕"内外部利益相关者责任–伦理决策–战略风险"这一研究思路，综合运用文献研究、大规模问卷调查以及统计分析等方法，深入探讨与分析了多个研究问题：

　　企业社会责任的具体构成是什么？

　　在中国情境下哪些因素能够影响到企业战略风险？

　　企业履行社会责任对战略风险有怎样的作用效果？

　　在不同的伦理决策机制下，企业社会责任的影响作用会发生怎样的变化？

具体而言，本研究做了如下工作：

第一，基于利益相关者理论及契约理论，详细探讨了企业社会责任的不同构成。

第二，基于市场失败理论、风险管理理论，识别出了影响企业战略风险的认知因素，同时全面分析了不同类型的企业社会责任对战略风险及其构成因素的影响作用。

第三，基于商业伦理理论及群体决策理论，进一步考查了企业伦理决策所起到的调节作用。

总之，本研究的整体理论模型最终由32个假设构成，32个假设均具有探索性研究的性质。经过假设检验和对研究结果的分析，本研究主要形成了以下结论：

（1）论证了基于内外部利益相关者视角的企业社会责任维度划分的必要性及科学性

本研究在对以往相关文献进行系统梳理的基础上，借助半结构化调查问卷搜集信息，借鉴ISO 26000指标体系，同时参考郑海东（2007）、陈宏辉（2008）、齐丽云和魏婷婷（2013）、苏蕊芯等（2014）的研究成果，最终开发出包括员工、经营者、股东、消费者、政府、社区及合作伙伴2个维度7个要素的CSR量表。其中，内部利益相关者责任维度包括3个要素20个测量题项，外部利益相关者责任维度包含4个要素21个测量题项。通过SPSS 19.0软件的统计分析，量表具有较高的信度及效度。这一方面表明了内部利益相关者责任、外部利益相关者责任之间的内在关联联系，另一方面证实了由内部利益相关者责任、外部利益相关者责任所构成的2个维度41个测量题项的CSR量表的科学性和合理性。

（2）探明了两种社会责任对战略风险及其4个维度影响的差异

①外部利益相关者责任对战略风险具有显著的弱化作用。

在中国经济转型的大环境下，来自外部的制度约束显著地影响了企业原来的运营方式，相比内部利益相关者，外部利益相关者对企业的影响更加显著。随着中国经济发展进入新常态，企业之间的竞争强度愈发激烈，更多的企业开始聚焦于风险的防范措施，增强本身的可持续发展能力和动力。依据现有对企业社会责任与战略风险的研究成果，本研究首先从利益相关者视角探讨了外部利益相关者责任与战略风险的关系。实证结果表明，外部利益相关者责任的履行能有效降低战略风险的发生概率，且能有效降低企业的运营风险、资产风险、竞争风险和声誉风险。这意味着外部环境带来的压力与利益相关者的不同要求都促使企业积极主动地承担和履行社会责任与义务，即企业将社会责任带来的压力转化为企业发展的动力，进而有效规避企业的战略风险。外部利益相关者责任对战略风险的影响，可以帮助管理者理清外部压力和风险的来源，并且明确企业履行社会责任和战略风险之间的作用传导机制，为企业接下来制定战略提供借鉴。

②内部利益相关者责任对战略风险产生抑制性作用。

本研究不仅证实了外部利益相关者责任与战略风险的关系，同时从内部视角分析了企业战略风险与利益相关者责任之间的关系。结果发现，内部利益相关者责任的履行能有效降低战略风险，且能有效降低企业的运营风险、资产风险、竞争风险和声誉风险。企业内部利益相关者包括股东、经营者及员工等优秀的人力资本。现有研究发现，那些与内部利益有关系的员工的努力对企业经营起着重要作用。股东投资偏好、经营者的才能及伦理道德、员工的工作积极性及创造性等都会影响企业的正常运行。很多学者使用资源理论、人力资本理论等来探究内部利益相关者所产生的压力和提出的需求对企业的影响。当企业加大对履行内部利益相关者责任的投入时，企业内部人员也会增加对该企业的忠诚程度，产生对企业的信任与忠诚感。此外，企业加大对内部利益相关者责任的投入，关注他们的切身利益，不仅有利于建立良好的企业氛围及声誉资本，还可以增进股东对企业的投资偏好，有利于全员行动的价值共创活动的开展。

（3）分析了伦理决策在企业社会责任对战略风险影响中的调节效应

①利己主义决策的负向调节作用。

为了达到各种利益相关者的目标期望，在战略决策过程中，企业要考虑周全，平衡利益相关者之间的道德观和价值观。企业在试图提升企业形象和竞争力的同时，又要对社会展现出良好的伦理表现与社会绩效，因此，企业的伦理决策将对企业的战略决策产生重要影响。企业决策者在作出决策时会考虑多种内外部因素的影响，不仅考虑财务绩效最大化，在利益相关者的利益诉求下，还会考虑社会绩效与财务绩效的多目标发展。在面临多项任务、多重目标的情况下，企业决策者会把企业有限的资源在不同的任务中进行分配。即使各项任务之间的激励期望相同，由于目标绩效测量的难易程度不等，理性的决策者为了自利而努力实现比较容易测量的财务绩效目标，而非从事有益于其他利益相关者的社会绩效目标，并降低企业对社会责任承担活动的投入。实证结果显示，在利己主义决策机制下，企业会对社会责任的承担与战略风险的防范产生一定的负面效应，且显著弱化了企业履行内外部利益相关者责任对战略风险的抑制作用。这表明，在利己主义决策机制下，企业仍会以追求利润最大化为最终目标，而较少考虑带有社会公益性质的社会责任及错综复杂的战略风险。拥有利己主义决策机制的企业，将不利于社会责任的履行及战略风险的防范，进而不利于企业的可持续发展。

②功利主义决策的正向调节作用。

在功利主义决策机制下，企业决策者在作出战略决策时，不会以自身利益最大化为出发点，而是综合各个利益相关者不断提出的改善社会环境、提高产品质量的心理诉求，激烈的市场竞争环境以及制度环境规范等现实状况，从多数人利益最大化的视角出发，整合和转化外部环境和内部资源，提升 CSR 表现和社会绩效，消除非抗拒性压力和行业内部制度压力所带来的风险因素。实证结果也进一步验证了功利主义决策的利他性及社会性。在功利主义决策机制下，企业会对社会责任的履行与战略风险的防范产生一定的正面效应，而且显著强化了企业履行内外部利益相关者责任对战略风险的抑制作用。这表明，在功利主义决策机制下，企业将对带有社会公益性质的社会责任及错综复杂的战略风险进行更多的考虑。拥有功利主义决策机制的企业，将有助于社会责任的履行以及战略风险的防范，进而促进企业的可持续发展。

在一个企业决策群体中，一般会出现利己主义决策与功利主义决策并存的情境。在我国以公有制为主体、少数服从多数原则的影响下，在注重诚信经营、反对唯利是图、追求平等及和谐的价值理念的作用下，企业决策者大都怀有仁爱之心，能够关心组织内外的弱势群体，勇于追求组织内部与社会的公平与正义，创造和谐友爱的工作氛围，在实现自身价值的同时，履行自己的权利、义务和责任，为社会发展作出自己的贡献。实证结果显示，在企业功利主义决策与利己主义决策共存的条件下，功利主义决策的影响仍然大于利己主义决策的影响，二者与企业社会责任三项交互作用，仍将在一定程度上降低企业战略风险发生的概率。这说明在我国制度环境下，企业的功利主义决策的影响力一般大于利己主义决策的影响力。这对于企业有效开展社会责任活动，从战略层面进行风险防范起到显著的促进作用。

6.2　研究启示

6.2.1　理论启示

本研究结合利益相关者理论对企业社会责任的内涵及构成进行了详细探讨，并研究了影响企业战略风险的关键因素；同时，系统分析了不同类型的企业社会责任对战略风险的影响作用，并进一步考查了伦理决策所起的调节作用，对相关的理论研究进行了整合、拓展和深化。

总体而言，本研究的理论及实践启示如下：

（1）丰富了企业社会责任相关的理论研究

首先，本研究基于内外部利益相关者视角构建了企业社会责任的测度模型，通过实证检验得出，测评维度设计得比较合理，更好地揭示了基于利益相关者视角的企业社会责任测度的可普及性和实用性，为后续探讨和研究企业社会责任奠定了一定基础。

其次，以往研究多是探讨企业社会责任与企业绩效、员工忠诚度、竞争力及消费者等要素之间的关系，对企业社会责任和战略风险的关系的研究很少。而本研究从战略视角出发，将企业社会责任纳入战略研究框架，进而探究其对战略风险的影响，既揭示了企业社会责任的功能，又支撑了企业通过履行社会责任来有效规避战略风险的理论体系。

（2）拓展了战略风险的相关研究

之前相关研究只是关注战略风险的产生原因、测度方法及防范措施，而基于利益相关者的角度探索企业社会责任与战略风险的关系的研究较少。本研究强调外部压力与内部资源对战略风险的共同影响，将企业社会责任与战略风险联系起来，提示了在中国情境下企业社会责任管理对企业战略风险的抑制作用。本研究不仅明确了利益相关者责任对战略风险的直接影响，并进一步阐述了伦理决策对企业社会责任与战略风险关系的调节效应，丰富了战略风险的研究成果，同时为研究战略风险提供了一个新的探索视角和理论模型。

（3）拓展了伦理决策的相关研究

本研究详细分析了伦理决策在企业社会责任与战略风险关系中的调节作用，改变了以往学者对伦理决策的研究视角，全面探讨了伦理决策在企业中的战略作用。本研究深入分析了企业决策者的功利主义认知和利己主义心理，反映了企业决策者面对外部压力和经营绩效时的心理行为，以及决策者对企业风险结果的不同影响。作为权力拥有者，企业决策者的道德和伦理程度决定了企业社会责任决策，充分证明了伦理决策在企业经营管理中的战略作用。企业决策者需要在降低企业风险的同时，做出符合利益相关者期望的企业社会责任战略，这弥补了以往学者对伦理决策研究的不足。

（4）构造了企业社会责任–伦理决策–战略风险三者关系的理论模型

这为战略风险的研究提供了一个新的探索视角，尤其是对调节变量伦理决策的引入，明确了企业社会责任对战略风险影响的其他条件。内外部利益相关者责任–功利主义决策–战略风险和内外部利益相关者责任–利己主义决策–战略风险两条路径的建立，拓展了学者对战略风险的研究思路，为深化战略风险和伦理决策的后续研究等提供了理论参考。

6.2.2　实践启示

本研究的结论对如何防范战略风险具有一定的指导意义，给政府和企业对 CSR 的管理和提升提供了实践参考。其具有以下三个方面的实践意义：

（1）企业要拓展对履行社会责任的经济后果的认识

积极的企业社会责任战略管理不仅可以构建良好的利益相关者关系，增强企业的资源获取能力，而且可以提高企业声誉，获取竞争优势，从而降低企业经营风险，实现企业的可持续发展。所以，企业要积极尝试从战略管理的视角来考虑企业社会责任履行问题，积极促进企业社会责任与日常经营管理活动的融合，从树立责任理念、建立责任组织、制定责任战略、推进责任融入、开展责任绩效、提升责任能力等角度不断建立健全企业社会责任管理体系，推进企业社会责任战略管理体系的建设，形成持续稳定的企业社会责任工作的长效机制，促进企业和社会的可持续发展。

（2）注重提升企业管理者的功利主义决策水平

企业社会责任对组织能力、顾客满意度、竞争优势和企业财务绩效都具有重要意义，特别是处于商业丑闻困扰而备受公众关注的企业。很多研究已经表明，员工对企业决策者的伦理感知来源于面对面的交流和对企业决策者的印象。企业决策者应该进行公开和公平的决策，倾听员工的声音，和员工共同讨论企业的伦理问题，培养利他性动机和行为，树立企业决策者在企业中的良好形象，促进员工谏言行为。此外，企业决策者应该通过各种渠道提升自身的伦理形象，如公开的外部活动、员工内部大会等，学习如何平衡不同利益相关者的需求。企业决策者需要用足够的精力进行伦理型领导，提升组织的伦理文化和企业社会责任水平。

（3）企业可以通过多种方式构建战略风险的防范机制

为提升企业抗击战略风险的能力，企业决策者应该通过培训和学习、建立严格的制度来约束企业的非法行为，将企业社会责任行为与企业战略相结合，实现效益提升和企业文化的协调发展。同时，实践证明，将企业社会责任与战略决策结合，会大幅度提升产品的竞争力和企业的形象，所以企业要总结过去成功的决策经验，有计划地开展企业承担社会责任的活动，使社会责任的履行大幅度提高产品的竞争优势和促进对战略风险的抑制效果。因此，企业不应该只关注利益相关者，仅为他们投资，而应该从战略高度出发，将企业社会责任与企业经营目标、企业经营战略有机结合，在实现企业效益最大化的同时关注内外部利益相关者的责任，实现企业效益与利益相关者效益的有机结合。

6.3　研究局限

本研究通过对企业社会责任、伦理决策与战略风险的文献整理和分类，创新性地提出了企业社会责任、伦理决策与战略风险三者之间关系的研究假设，通过自行开发问卷并经过大规模的调研，运用统计软件进行数据分析，得到了这三个变量之间关系的全部结论。但本研究仍存在一定的局限性，主要表现在：

（1）仍有部分假设没有通过

本研究验证了所涉及关键变量之间的关系，但一些假设未得到支持。对于部分假设未通过检验的原因，尽管本研究也进行了分析解释，但也可能存在所构建的理论模型未能全面深入地揭示研究问题的内在机制的原因。这可能源于以下三个方面的问题：

①在理论分析方面，可能存在分析不够严密之处或现有理论还无法完全覆盖之处；

②在实践观察方面，可能存在对问题的把握还不全面的地方；

③在数据方面，虽然研究中对所有变量都进行了效度和信度检验，但可能仍然存在问卷调查所难以避免的信息不全或偏差问题。

（2）内生性问题需要后续探究

关于 CSR 与伦理决策、战略风险之间的关系，可能具有较多内生性问题。本研究虽然使用多种方法进行了信度和效度检验，但缺少对由我国实际背景引起的特殊内生性问题的考虑，从而可能影响到研究结论的稳健性。因此，如何进一步从我国企业的经营环境出发考虑内生性问题的影响，将是今后完善相关研究的努力方向。

（3）对调研对象的选择需要进一步考虑和完善

企业履行社会责任并不是个人决策，而是涉及整个管理团队，因此不能只单一调查高管。本次调研在之前虽做了大量的准备工作，但因为时间以及调研资源比较紧张，对许多企业我们并没有办法获得全部的社会责任资料，所以很难得到整个管理团队对企业社会责任和战略风险的客观评价。因此，样本选取的调查对象依然是后期要重点考虑和完善的内容。

（4）样本局限性问题需要重点考虑

影响调研结果的一个重要因素是样本的选择问题。本研究样本不是通过随机抽样法获得的，而是作者利用自己的社会关系开展问卷调查活动，调查的对象主要分布在新疆维吾尔自治区、河南省以及大连市和南京市的一些企业，因此样本代表性有待斟酌。

此外，尽管本研究已经将企业规模、成立年限等可能影响企业战略风险防范的因素作为控制变量加入整体结构模型中进行分析，但是受到样本数量的限制，本研究无法进行跨行业、跨不同规模等的效度延展分析，无法进行相应的效度检验，以验证变量的测度模型是否具有复核效化。

6.4　研究展望

鉴于本书研究内容的局限性，作者认为后续研究可以考虑从以下几个方面开展：

（1）对相关假设进行再研究

在 CSR 与战略风险关系的实证研究中存在一些假设未通过问题，今后需要通过文献研究来充实理论研究，或通过对案例的全方面分析，对现实问题进行深层次的挖掘和研究，或对数据调查扩大范围和提高准确性，对相关的假设尤其是本次研究未通过的假设要重新思考和设定再研究，并进一步分析之前研究的问题中可能会涉及的其他内部和外部因素所产生的影响以及内部机制。

（2）进行企业社会责任与战略风险的整合研究

学者将部分研究的重点放在企业社会责任的前置因素、影响因素、动力机制等原因变量上，基于利益相关者理论、制度理论、资源和能力理论等进行调节变量和中介变量的研究，说明企业要满足利益相关者的需求；部分研究的重点是企业社会责任对企业声誉、消费者品牌态度、社会绩效、竞争优势和竞争力等结果变量的影响，说明企业要实现企业价值和利润的创造。然而，究竟企业社会责任是为了满足利益相关者的需求还是为了创造价值，在企业的经营战略中处于什么位置和起到怎样的作用，这些尚不清楚。工具理论认为企业社会责任作为一种工具来实现经济目标，这种理论观点下的企业社会责任活动可以预期实现企业的目标、提升企业业绩并最大化股东财富。因此，未来有必要对企业社会责任的前置因素、构成成分、结果变量进行整合研究，通过实证研究进一步证明企业社会责任在企业经营和战略管理中的重要作用和地位。

（3）进行战略风险的跨层次研究

通过研究发现，个体因素、组织因素和外部环境因素等综合作用的影响是战略风险研究内容的主体，学者中对这三者及以上关系的作用和影响的研究较少。后续研究可以跨层次展开多因素作用的研究，在前人研究的基础上，建立个体-组织层面、个体-外部环境层面以及组织-外部环境层面等全方位的先进模型。这样可以帮助我们清晰地揭示战略风险内部机理以及传导机制的作用，通过构建各种层面的中介作用以及调节效应或者调节-中介传导机制，使我们将战略风险的作用机理和思路阐述得更加清晰，届时得出的结论将对管理层和政策落实层面的人员具有现实的指导意义。

主要参考文献

[1] 中国社会科学院. 中国企业社会责任研究报告 (2014)［R］. 2014.

[2] 苏慧文. 技术交易风险管理研究［D］. 北京：中国人民大学，
     1997.

[3] 郑梅莲. 审计人员忠诚及其对知识共享和知识整合的影响研究［D］.
     杭州：浙江大学，2008.

[4] 陈宏辉. 企业利益相关者理论与实证研究［D］. 杭州：浙江大学，
     2003.

[5] 安雪芳. 煤炭企业战略风险管理及控制研究［D］. 北京：中国矿
     业大学，2015.

[6] 刘建国. 企业战略风险识别、评估与动态预警研究［D］. 北京：
     北京科技大学，2008.

[7] 崔丽. 当代中国企业社会责任研究［D］. 长春：吉林大学，2013.

[8] 魏升民. 企业社会责任信号研究［D］. 广州：广东省社会科学院，
     2013.

[9] 许婷婷. 管理者价值观与企业社会责任表现关系研究［D］. 沈阳：

辽宁大学，2014.

[10] 刘红. 基于企业社会责任视角的期货公司风险管理研究 [D]. 太原：山西财经大学，2014.

[11] 彭华岗. 中国企业社会责任信息披露理论与实证研究 [D]. 长春：吉林大学，2009.

[12] 王翔. 企业战略性社会责任及其竞争力培育研究 [D]. 武汉：武汉理工大学，2010.

[13] 商迎秋. 企业战略风险识别、评估与应对研究 [D]. 北京：首都经济贸易大学，2011.

[14] 陈晓萍，徐淑英，樊景立. 组织与管理研究的实证方法 [M]. 北京：北京大学出版社，2008.

[15] 黎友焕. 企业社会责任 [M]. 广州：华南理工大学出版社，2010.

[16] 乔瑞. VAR：风险价值——金融风险管理新标准 [M]. 张海鱼，译. 北京：中信出版社，2005.

[17] 卡罗尔，巴克霍尔茨. 企业与社会——伦理与利益相关者管理 [M]. 黄煜平，朱中彬，徐小娟，等，译. 5版. 北京：机械工业出版社，2004.

[18] COSO. 企业风险管理——整合框架 [M]. 方红星，王宏，译. 大连：东北财经大学出版社，2007.

[19] 西蒙. 现代决策理论的基石 [M]. 杨砾，徐立，译. 北京：北京经济学院出版社，1989.

[20] 张谊浩，陈柳钦. 投资者认知偏差研究综述 [J]. 浙江社会科学，2004 (2)：190-202.

[21] 叶建木，邓明然. 战略风险的维度空间与柔性控制 [J]. 武汉理工大学学报：信息与管理工程版，2006，28 (10)：109-112.

[22] 王翔，李东，项保华. 基于战略地图和BSC的企业整合型战略控制系统研究 [J]. 管理工程学报，2007，21 (2)：110-114.

[23] 李杰群，赵庆，李京. 中国企业对外直接投资战略风险投资控制系统研究 [J]. 统计与决策，2010 (18)：172-176.

[24] 郑孟状，潘霞蓉. 论企业的社会责任 [J]. 浙江学刊，2003 (3)：167-174.

[25]　金立印. 企业社会责任运动测评指标体系实证研究——消费者视角 [J]. 中国工业经济, 2006 (6): 114-120.

[26]　刘海潮, 李垣, 孙爱英. 战略风险管理的理论方法及其发展 [J]. 西安交通大学学报 (社会科学版), 2002 (4): 33-38.

[27]　刘凤军, 孔伟, 李辉. 企业社会责任对消费者抵制内化机制研究——基于 AEB 理论与折扣原理的实证 [J]. 南开管理评论, 2015, 18 (1): 52-63.

[28]　黄群慧, 彭华岗, 钟宏武, 等. 中国100强企业社会责任发展状况评价 [J]. 中国工业经济, 2009 (10): 23-35.

[29]　齐丽云, 魏婷婷. 基于ISO 26000的企业社会责任绩效评价模型研究 [J]. 科研管理, 2013, 34 (3): 84-92.

[30]　李海芹, 张子刚. CSR 对企业声誉及顾客忠诚影响的实证研究 [J]. 南开管理评论, 2010 (1): 90-98.

[31]　田虹, 姜雨峰. 企业社会责任履行的动力机制研究 [J]. 审计与经济研究, 2014, 29 (6): 65-74.

[32]　沈洪涛. 公司社会责任和环境会计的目标与理论基础——国外研究综述 [J]. 会计研究, 2010 (3): 86-92, 97.

[33]　张继勋, 贺超, 韩冬梅. 社会责任负面信息披露形式、解释语言积极性与投资者投资判断——一项实验证据 [J]. 南开管理评论, 2016, 19 (6): 133-140.

[34]　李文茜, 刘益. 技术创新、企业社会责任与企业竞争力——基于上市公司数据的实证分析 [J]. 科学学与科学技术管理, 2017, 38 (1): 154-165.

[35]　贾兴平, 刘益. 外部环境、内部资源与企业社会责任 [J]. 南开管理评论, 2014, 17 (6): 13-18, 52.

[36]　陈汉辉. 企业社会责任实践与社会资本关系研究——政治关联的中介效应检验 [J]. 财贸研究, 2016, 27 (2): 128-136.

[37]　齐丽云, 李腾飞, 尚可. 企业社会责任的维度厘定与量表开发——基于中国企业的实证研究 [J]. 管理评论, 2017, 29 (5): 143-152.

[38]　李朝晖. 浅析社会责任投资对风险投资运行的影响 [J]. 商业时代, 2009 (15): 80-81.

[39]　贾兴平, 刘益, 廖勇海. 利益相关者压力、企业社会责任与企业价

值 [J]. 管理学报，2016，13（2）：267-274.

[40] 田虹，王汉瑛. 营销伦理决策测量研究述评与展望 [J]. 华东经济管理，2015，29（3）：158-163.

[41] 祝志明，杨乃定，姜继娇，等. 企业战略风险识别研究 [J]. 科研管理，2005，26（6）：1-6.

[42] 宋献中，胡珺，李四海. 社会责任信息披露与股价崩盘风险——基于信息效应与声誉保险效应的路径分析 [J]. 金融研究，2017（4）：161-175.

[43] 刘冀生. 新竞争形势下的企业战略风险管理 [J]. 现代企业，2005（7）：1.

[44] 杨艳，兰东. 企业社会责任对公司特有风险的影响——基于利益相关者视角 [J]. 软科学，2015，29（6）：60-64.

[45] 相玉姣. 企业社会责任履行与风险的相互影响研究 [J]. 新会计，2016（4）：19-23.

[46] 陈宏辉，张麟，向燕. 企业社会责任领域的实证研究：中国大陆学者2000—2015年的探索 [J]. 管理学报，2016，13（7）：1051-1059.

[47] 叶文琴. 企业伦理决策过程的构成要素及其相互关系——模型与实证 [J]. 软科学，2004（4）：75-77.

[48] 陈翔，陈爱华. 伦理决策的科学内涵及其现代价值 [J]. 云南社会科学，2008（1）：42-46.

[49] 金杨华，郝洁，叶燕华. 道德解脱和惩罚知觉对伦理决策的影响 [J]. 商业经济与管理，2016（6）：35-43.

[50] 杨华江. 集团公司战略风险管理的理论探讨 [J]. 南开管理评论，2002，5（3）：56-61.

[51] 刘彧彧，张佳良，刘雨萌. 伦理气氛下道德强度对组织员工伦理决策行为的影响研究 [J]. 管理学报，2015，12（8）：1217-1223.

[52] 陈翔. 伦理决策：国家治理的哲学追求 [J]. 理论学刊，2014（11）：85-90，128.

[53] 晁罡，申传泉，张树旺，等. 伦理制度、企业社会责任行为与组织绩效关系研究 [J]. 中国人口·资源与环境，2013，23（9）：143-148.

[54] 郝云宏，朱炎娟，金杨华．大股东控制权私利行为模式研究——伦理决策的视角 [J]．中国工业经济，2013 (6)：83-95．

[55] 陈宏辉，贾生华．企业利益相关者三维分类的实证分析 [J]．经济研究，2004 (4)：80-90．

[56] 谢康，吴瑶，肖静华，等．组织变革中的战略风险控制——基于企业互联网转型的多案例研究 [J]．管理世界，2016 (2)：133-148，188．

[57] 张晓昱，朱慧明，廖萍．企业战略风险度量与财务绩效关系研究 [J]．河南师范大学学报（哲学社会科学版），2014，41 (2)：81-83．

[58] 孙慧，程立．基于战略地图的战略执行风险控制研究——一个整合的模型框架 [J]．企业经济，2012，31 (10)：34-38．

[59] 杨皖苏，杨善林．中国情境下企业社会责任与财务绩效关系的实证研究——基于大、中小型上市公司的对比分析 [J]．中国管理科学，2016，24 (1)：143-150．

[60] 施淑蓉，李建军．我国企业海外投资宏观环境风险预警研究 [J]．经济纵横，2015 (8)：101-106．

[61] 贾敬全，卜华．公司社会责任风险管控策略研究 [J]．经济体制改革，2014 (3)：124-127．

[62] 周祖城．走出企业社会责任定义的丛林 [J]．伦理学研究，2011 (3)：52-58．

[63] 李维安，刘振杰，顾亮，等．基于风险视角的董事会相对权力与产品市场竞争力关系研究 [J]．管理学报，2014，11 (11)：1622-1630．

[64] 匡家庆．酒店员工流失原因及对策分析——基于员工满意度的视角 [J]．开发研究，2013 (2)：142-145．

[65] 潘昱，周雅倩．企业绩效、财务资源与战略风险——对鲍曼悖论及财务资源调节效应的实证分析 [J]．科学决策，2015 (5)：35-46．

[66] 张荣琳，霍国庆．企业战略风险的类型、成因与对策分析 [J]．中国软科学，2007 (6)：50-57．

[67] 黎友焕，陈小平．从ISO 26000看我国消费新理念 [J]．企业社会责任，2011 (2)：11-15．

[68] 夏喆，邓明然．企业风险传导规律研究 [J]．财会月刊（理论版），

2006（32）：13-14.

[69]   颜士梅，颜士之，张曼. 企业人力资源开发中性别歧视的表现形式——基于内容分析的访谈研究 [J]. 管理世界，2008（11）：110-118.

[70]   苏蕊芯，仲伟周. 中国企业社会责任测量维度识别与评价——基于因子分析法 [J]. 华东经济管理，2014，28（3）：109-113.

[71]   王站杰，买生，李万明. 组织公平氛围对员工离职意愿的影响——企业社会责任被中介的调节效应模型 [J]. 科研管理，2017，38（8）：101-109.

[72]   叶林祥，李实，罗楚亮. 行业垄断、所有制与企业工资收入差距——基于第一次全国经济普查企业数据的实证研究 [J]. 管理世界，2011（4）：26-36.

[73]   黄维娜. 国际贸易中企业社会责任壁垒的演进与应对 [J]. 经济与管理，2013，27（2）：69-73.

[74]   邹家华. 中国可持续发展的战略选择——在中国21世纪议程高级圆桌会议开幕式上的讲话 [J]. 管理世界，1994（6）：1-2，214.

[75]   董美霞. 增强企业内部控制评价效果的思考——基于《企业内部控制评价指引（征求意见稿）》[J]. 审计与经济研究，2010，25（1）：73-81.

[76]   陈雪莲. 千年公约：人类千年发展目标——《2003年联合国人类发展报告》[J]. 国外理论动态，2003（10）：32-35.

[77]   孙丽君，蓝海林. 企业经营者在战略决策中的作用与风格研究 [J]. 企业活力，2008（2）：26-27.

[78]   孙慧，程立. 企业战略风险的形成机理分析及管理对策——基于能力理论的视角 [J]. 技术经济与管理研究，2011（8）：61-65.

[79]   刘升福. 企业战略风险管理理论综述 [J]. 现代管理科学，2003（12）：31-32，23.

[80]   李汉东. 企业战略风险的模糊评价模型 [J]. 北京师范大学学报（自然科学版），2007，43（5）：587-590.

[81]   喻勤娅，吴勇敏. 公司社会责任之思考 [J]. 经济问题，2004（7）：25-27.

[82]   李新娥，彭华岗. 企业社会责任信息披露与企业声誉关系的实证研

究 [J]. 经济体制改革, 2010 (3): 74-76.

[83] 冯锋. 论商业决策过程中的伦理因素及其原则 [J]. 科学学与科学技术管理, 2001 (2): 11-14.

[84] 吴红梅, 刘洪. 西方伦理决策研究述评 [J]. 外国经济与管理, 2006 (12): 48-55.

[85] 刘长喜. 企业社会责任下的信任博弈 [J]. WTO 经济导刊, 2009 (11): 68-70.

[86] 李伟阳, 肖红军. 基于管理视角的企业社会责任演进与发展 [J]. 首都经贸大学学报, 2010 (5): 61-69.

[87] 马明, 陈方英, 孟华, 等. 员工满意度与敬业度关系实证研究——以饭店企业为例 [J]. 管理世界, 2005 (11): 120-126.

[88] 李楠, 朱辰昊. 企业社会责任与贸易壁垒研究 [J]. 国际商务, 2007 (5): 92-97.

[89] 曹振杰, 何红光. 中国企业员工和谐心智模式的概念模型与问卷开发 [J]. 管理学报, 2013, 10 (2): 171-178.

[90] 李思龙. 论译文的回译性 [J]. 辽宁师范大学学报 (社会科学版), 2002, 25 (3): 88-90.

[91] 巫英, 向刚. 基于属性测度的创新型企业战略风险评价研究 [J]. 科学学与科学技术管理, 2012, 33 (8): 159-164.

[92] 段万春, 李连璋. 基于灰色关联分析的企业战略风险评价及预警研究 [J]. 昆明理工大学学报 (社会科学版), 2016, 16 (2): 55-61.

[93] BETTIS R A, MAHAJAN V. Risk analysis in corporate performance measurement [M] //THOMAS H, BETTIS R. Risk, strategy and management. Greenwich, Connecticut: JAI Press, 1990.

[94] PIDUN U, KRÜHLER M. Risk - return management of the corporate portfolio [M] //HOMMEL U, FABICH M, SCHELLENBERG E, et al. The strategic CFO: creating value in a dynamic market environment. Berlin: Springer, 2011.

[95] ACKERMAN R W, BAUER R A. Corporate social responsiveness: the modern dilemna [M]. Reston, Virgini: Reston Publishing Company, 1976.

[96] FREDERICK B, GANDZ J. Good management: business ethics in action Scarborough [M]. Ontario: Prentice-Hall Canada Inc., 1991.

[97] DOBEL J P. Public integrity [M]. Baltimore, MD: The Johns Hopkins University Press, 1999.

[98] POJMAN L P, FIESER J. Ethics: discovering right and wrong [M]. 6th ed. California: A Division of Wadsworth, 2008.

[99] MELE D. Not only stakeholder interests: the firm oriented toward the common good [M]. Notre Dame: University of Notre Dame Press, 2002.

[100] KOHLBERG L. The philosophy of moral development: moral stages and the idea of justice [M]. San Francisco, CA: Harper & Row, 1981.

[101] LEVINSON D J, DARROW C N, KLEIN E B, et al. The seasons of a man's life [M]. New York: Alfred A. Knonf, 1978.

[102] FREEMAN R E. Strategic management: a stakeholder approach [M]. Boston: Pitman, 1984.

[103] KOUZES J M, POSNER B Z. The leadership challenge [M]. 4th ed. San Francisco, CA: Jossey-Bass, 2007.

[104] ANDREWS, K. The concept of corporate strategy [M]. Homewood, IL: Irwin, 1971.

[105] COLLINS J M, RUEFLI T W. Strategic risk: a state-defined approach [M]. Norwell, MA: Kluwer Academic Publishers, 1996.

[106] REST J R. Moral development: advances in research and theory [M]. New York: Praeger, 1986.

[107] SPECTOR P E. Summated rating scale construction: an introduction [M]. Newbury Park, CA: Sage, 1992.

[108] VELASQUEZ M G, ROSTANKOWSKI C. Ethical: theory and practice [M]. Englewood Cliffs, NJ: Preticent-Hall, 1985.

[109] SIMONS R. A note on identifying strategic risk: HBS case services [M]. Boston: Harvard Business School Press, 1999.

[110] HASTIE T, TIBSHIRANI R, FRIEDMAN J. The elements of

statistical learning: data mining, inference, and prediction [M].
2nd ed. Berlin: Springer, 2009.

[111] PFEFFER J, SALANCIK G R. The external control of
organization: a resource endenee perspective [M]. New York:
Stanford University Press, 2007.

[112] KLINE R B. Principles and practices of structural equation
modeling [M]. New York: The Guilford Press, 1998.

[113] DAVIS T. Understanding entrepreneurship: developing indicators
for international comparisons and assessments [M] //
CONGREGADO E. Measuring entrepreneurship. New York:
Springer, 2008.

[114] FRIGO M L. Strategic risk management: the new core
competency [J]. Balanced Scorecard Report, 2009, January-
February.

[115] ZOU H L, ZENG S X, LIN H, et al. Top executives' compensation,
industrial competition, and corporate environmental
performance: evidence from China [J]. Management Decision,
2015, 23 (9): 1-19.

[116] KENT D M, MICHAEL J L. Corporate risk return relations:
returns variability versus downside risk [J]. Academy of
Management Journal, 1996, 39 (1): 91-122.

[117] BAIRD I S, THOMAS H. Toward a contingency model of
strategic risk taking [J]. Academy of Management Review,
1985, 10 (2): 230-243.

[118] PORTER M, KRAMER M. Strategy & society [J]. Harvard
Business Review, 2006, 84 (12): 78-92.

[119] CLARKE C J, VARMA S. Strategic risk management: the new
competitive edge [J]. Long Range Planning, 1999, 32 (4):
414-424.

[120] SLYWOTZKY A J, DRZIK J. Countering the biggest risk of all [J].
Harvard Business Review, 2005, 83 (4): 78-88, 133.

[121] MAZZOLENI P. Risk measures and return performance: a

critical approach [J]. European Journal of Operational Research, 2004, 155 (2): 268-275.

[122] HE Y, ZHAO L. Strategic risk assessment of power generation enterprises based on risk matrix [J]. Electric Power Science & Engineering, 2015 (7): 63-68.

[123] ARIKAN R, DA DEVIREN M, KURT M. A Fuzzy multi-attribute decision making model for strategic risk assessment [J]. International Journal of Computational Intelligence Systems, 2013, 6 (3): 487-502.

[124] ANDERSON J C, FRANKLE A W. Voluntary social reporting: an iso-beta portfolio analysis [J]. Accounting Review, 1980, 55 (3): 467-479.

[125] COOPER T. Exploring strategic risk in communities: evidence from a Canadian province [J]. Journal of Enterprising Communities People & Places in the Global Economy, 2012, 6 (4): 350-368.

[126] DAGONNEAU J, ROCKS S A, PRPICH G, et al. Strategic risk appraisal: comparing expert- and literature-informed consequence assessments for environmental policy risks receiving national attention [J]. Science of The Total Environment, 2017, 595: 537-546.

[127] CÁRDENAS I C, AL-JIBOURI S S H, HALMAN J I M, et al. Capturing and integrating knowledge for managing risks in tunnel works [J]. Risk Analysis, 2013, 33 (1): 92-108.

[128] BISH E K, CHEN W. The optimal resource portfolio under consumer choice and demand risk for vertically differentiated products [J]. Journal of The Operational Research Society, 2016, 67 (1): 87-97.

[129] REINHOLT M, FOSS N J. Why a central network position isn't enough: the role of motivation and ability for knowledge sharing in employee networks [J]. Academy of Management Journal, 2011, 54 (6): 1277-1297.

[130] ELENA B A, RICHARD C. From initial risk assessments to system risk management [J]. Journal of Modelling in Management, 2013, 8 (3): 262-289.

[131] CARROLL A B. Corporate social responsibility evolution of a definitional construct [J]. Business & Society, 1999, 38 (3): 268-295.

[132] DAVIS K. Can business afford to ignore social responsibilities [J]. California Management Review, 1960, 2 (4): 70-76.

[133] CARROLL A B, SHABANA K M. The business case for corporate social responsibility: a review of concepts, research and practice [J]. International Journal of Management Reviews, 2010, 12 (1): 85-105.

[134] LEE M D P. A review of the theories of corporate social responsibility: its evolutionary path and the road ahead [J]. International Journal of Management Reviews, 2008, 10 (1): 53-73.

[135] FRIEDMAN M. The social responsibility of business is to increase its profits [J]. New York Times Magazine, 1970 (13): 122-126.

[136] DAVIS K. The case for and against business assumption of social responsibilities [J]. Academy of Management Journal, 1973, 16 (2): 312-322.

[137] JAMALI D. The case for strategic corporate social responsibility in developing countries [J]. Business & Society Review, 2007, 112 (1): 1-27.

[138] BADEN D. A reconstruction of Carroll's pyramid of corporate social responsibility for the 21st century [J]. International Journal of Corporate Social Responsibility, 2016, 1 (1): 8.

[139] JEURISSEN R. John Elkington, Cannibals with Forks: the triple bottom line of 21st century business [J]. Journal of Business Ethics, 2000, 23 (2): 229-231.

[140] GALLO M A. The family business and its social responsibilities

[J]. Family Business Review, 2004, 17 (2): 135-149.

[141] MARÍN L, RUBIO A, MAYA S R D. Competitiveness as a strategic outcome of corporate social responsibility [J]. Corporate Social Responsibility & Environmental Management, 2012, 19 (6): 364-376.

[142] STØLUM, KAYE. The identification of fault pattern fractals for improved oil and gas recovery: a new process to identify and describe fault sets using non-linear methods [J]. Journal of Infectious Diseases, 1992, 23 (1): 140-147.

[143] CARTER C R, ROGERS D S. A framework of sustainable supply chain management: moving toward new theory [J]. International Journal of Physical Distribution & Logistics Management, 2008, 38 (5): 360-387.

[144] PARK H, KIM Y K. An empirical test of the triple bottom line of customer-centric sustainability: the case of fast fashion [J]. Fashion & Textiles, 2016, 3 (1): 25.

[145] ILINITCH A Y, SODERSTROM N S, THOMAS T E. Measuring corporate environmental performance [J]. Journal of Accounting & Public Policy, 1998, 17 (4-5): 383-408.

[146] JOSE A, LEE S M. Environmental reporting of global corporations: a content analysis based on website disclosures [J]. Journal of Business Ethics, 2007, 72 (4): 307-321.

[147] CLARKSON P M, LI Y, RICHARDSON G D, et al. Revisiting the relation between environmental performance and environmental disclosure: an empirical analysis [J]. Accounting Organizations & Society, 2008, 33 (4-5): 303-327.

[148] WU J. Marketing capabilities, institutional development, and the performance of emerging market firms: a multinational study [J]. International Journal of Research in Marketing, 2013, 30 (1): 36-45.

[149] FORSTMOSER P, HERGER N. Managing reputational risk: a reinsurer's view [J]. The Geneva Papers on Risk and Insurance-

Issues and Practice, 2006, 31 (3): 409-424.

[150] NEUBAUM D O, DIBRELL C, CRAIG J B. Balancing natural environmental concerns of internal and external stakeholders in family and non - family businesses [J]. Journal of Family Business Strategy, 2012, 3 (1): 28-37.

[151] DE LA CUESTA - GONZÁLEZ M, MUÑOZ - TORRES M J, FERNÁNDEZ-IZQUIERDO M A. Analysis of social performance in the Spanish financial industry through public data: a proposal [J]. Journal of Business Ethics, 2006, 69 (3): 289-304.

[152] KIM S. What's worse in times of product-harm crisis? Negative corporate ability or negative CSR reputation? [J]. Journal of Business Ethics, 2014, 123 (1): 157-170.

[153] MITCHELL A, WOOD D. Toward a theory of stakeholder identification and salience: defining the principle of who and what really counts [J]. Academy of Management Review, 1997, 22 (4): 853-886.

[154] FABRIZI M, MALLIN C, MICHELON G. The Role of CEO's personal incentives in driving corporate social responsibility [J]. Journal of Business Ethics, 2014, 124 (2): 311-326.

[155] JONES T M. Ethical decision making by individuals in organizations: an issue - contingent model [J]. Academy of Management Review, 1991, 16 (2): 366-395.

[156] CLARKSON M E. A stakeholder framework for analyzing and evaluating corporate social performance [J]. Academy of Management Review, 1995, 20 (1): 92-117.

[157] TREVINO L K, WEAVER G R, REYNOLDS S J. Behavioral ethics in organizations: a review [J]. Journal of Management, 2006, 32 (6): 951-990.

[158] REIDENBACH R E, ROBIN D P. Toward the development of a multidimensional scale for improving evaluations of business ethics [J]. Journal of Business Ethics, 1990, 9 (8): 639-653.

[159] WU C F. The relationship of ethical decision-making to business

ethics and performance in Taiwan ［J］. Journal of Business Ethics, 2002, 35 (3): 163-176.

［160］ LIU Z, ZENG F, SU C. Does relationship quality matter in consumer ethical decision making? Evidence from China ［J］. Journal of Business Ethics, 2009, 88 (3): 483-496.

［161］ DETERT J R, TREVIÑO L K, SWEITZER V L. Moral disengagement in ethical decision making: a study of antecedents and outcomes ［J］. Journal of Applied Psychology, 2008, 93 (2): 374.

［162］ KUNTZ, J R C, KUNTZ J R, ELENKOV D, et al. Characterizing ethical cases: a cross - cultural investigation of individual differences, organisational climate, and leadership on ethical decision-making ［J］. Journal of Business Ethics, 2013, 113 (2): 317-331.

［163］ FERRELL O C, GRESHAM L G. A contingency framework for understanding ethical decision making in marketing ［J］. Journal of Marketing, 1985, 49 (3): 87-96.

［164］ UPCHURCH R S. A conceptual foundation for ethical decision making: a stakeholder perspective in the lodging industry (U.S.A.) ［J］. Journal of Business Ethics, 1998, 17 (12): 1349-1361.

［165］ BRAMMER S, MILLINGTON A. The development of corporate charitable contributions in the UK: a stakeholder analysis ［J］. Journal of Management Studies, 2004 (41): 1411-1434.

［166］ LIU C M, LIN C P. Corporate ethical values and turnover intention ［J］. Journal of Leadership & Organizational Studies, 2016, 23 (4): 397-409.

［167］ LU W, CHAU K W, WANG H, et al. A decade's debate on the nexus between corporate social and corporate financial performance: a critical review of empirical studies 2002-2011 ［J］. Journal of Cleaner Production, 2014, 79: 195-206.

［168］ DONALDSON T, PRESTON L E. The stakeholder theory of the corporation: concepts, evidence, and implications [J]. Academy of Management Review, 1995, 20 (1): 65-91.

[169] FASSIN Y. The stakeholder model refined [J]. Journal of Business Ethics, 2009, 84 (1): 113-135.

[170] MILES S. Stakeholder: essentially contested or just confused? [J]. Journal of Business Ethics, 2012, 108 (3): 285-298.

[171] CLIFTON D, AMRAN A. The stakeholder approach: a sustainability perspective [J]. Journal of Business Ethics, 2011, 98 (1): 121-136.

[172] NEVILLE B A, BELL S J, WHITWELL G J. Stakeholder salience revisited: refining, redefining, and refueling an underdeveloped conceptual tool [J]. Journal of Business Ethics, 2011, 102 (3): 357-378.

[173] FLAMMER C. Corporate social responsibility and shareholder reaction: the environmental awareness of investors [J]. Academy of Management Journal, 2013, 56 (3): 758-781.

[174] DESROCHERS J, OUTREVILLE J F. Uncertainty, ambiguity and risk taking: an experimental investigation of consumer behavior and demand for insurance [J]. SSRN Electronic Journal, 2013 (3): 592-597.

[175] GODFREY P C. The relationship between corporate philanthropy and shareholder wealth: a risk management perspective [J]. Academy of Management Review, 2005, 30 (4): 777-798.

[176] KAREN E S, MARC J E. Exploring the financial value of a reputation for corporate social responsibility during a crisis [J]. Corporate Reputation Review, 2005, 7 (4): 327-345.

[177] BOUSLAH K, KRYZANOWSKI L, M'ZALI B. Social perform-ance and firm risk: impact of the financial crisis [J]. Journal of Business Ethics, 2018, 149 (3): 643-669.

[178] DANIEL M, BOGDAN G, DANIEL Z. Strategies for interactive communication, with external and internal stakeholders, in

events' marketing [J]. Procedia - Social and Behavioral Sciences, 2012, 46: 5361-5365.

[179] GRAAFLAND J J, EIJFFINGER S C W. Corporate social responsibility of Dutch companies: benchmarking, transparency and robustness [J]. De Economist, 2004, 152 (3): 403-426.

[180] CHENG B, IOANNOU I, SERAFEIM G. Corporate social responsibility and access to finance [J]. Strategic Management Journal, 2014, 35 (1): 1-23.

[181] SALAMA A, ANDERSON K, TOMS J S. Does community and environmental responsibility affect firm risk: evidence from UK panel data 1994-2006 [J]. Business Ethics: A European Review, 2011, 20 (2): 192-204.

[182] MOHR L A, WEBB D J. The effects of corporate social responsibility and price on consumer responses [J]. Journal of Consumer Affairs, 2005, 39 (1): 121-147.

[183] MCWILLIAMS A, SIEGEL D S. Creating and capturing value: strategic corporate social responsibility, resource - based theory and sustainable competitive advantage [J]. Journal of Management, 2011, 37 (5): 1480-1495.

[184] CORNWELL T B, COOTE L V. Corporate sponsorship of a cause: the role of identification in purchase intent [J]. Journal of Business Research, 2005, 58 (3): 268-276.

[185] ELAHI E. Risk management: the next source of competitive advantage [J]. Foresight, 2013, 15 (2): 117-131.

[186] GODOS-DÍEZ J L, CABEZA-GARCÍA L, ALONSO-MARTÍNEZ D, et al. Factors influencing board of directors' decision - making process as determinants of CSR engagement [J]. Review of Managerial Science, 2018, 12 (1): 229-253.

[187] O'ROURKE A. A new politics of engagement: shareholder activism for corporate social responsibility [J]. Business Strategy and the Environment, 2003, 12 (4): 227-239.

[188] ZHU Y, SUN L Y, LEUNG A S M. Corporate social

responsibility, firm reputation, and firm performance: the role of ethical leadership [J]. Asia Pacific Journal of Management, 2014, 31 (4): 925-947.

[189] HEMINGWAY C A, MACLAGAN P W. Managers' personal values as drivers of corporate social responsibility [J]. Journal of Business Ethics, 2004, 50 (1): 33-44.

[190] KIM Y, PARK M S, WIER B. Is earnings quality associated with corporate social responsibility? [J]. The Accounting Review, 2012, 87 (3): 761-796.

[191] SHAFER W E. Ethical climate, social responsibility, and earnings management [J]. Journal of Business Ethics, 2015, 126 (1): 43-60.

[192] JACK B, CLARKE A M. The purpose and use of questionnaires in research [J]. Prof Nurse, 1998, 14 (3): 176-179.

[193] ROWLEY J. Designing and using research questionnaires [J]. Management Research Review, 2014, 37 (3): 308-330.

[194] WANG H, QIAN C. Corporate philanthropy and corporate financial performance: the roles of stakeholder response and political access [J]. Academy of Management Journal, 2011, 54 (6): 1159-1181.

[195] SRIVASTAVA M K, GNYAWALI D R. When do relational resources matter? Leveraging portfolio technological resources for breakthrough innovation [J]. Academy of Management Journal, 2011, 54 (4): 797-810.

[196] ARON R, CLEMONS E K, REDDI S. Just right outsourcing: understanding and managing risk [J]. Journal of Management Information Systems, 2005, 22 (2): 37-55.

[197] TSENG W T, DORNYEI Z, SCHMITT N. A new approach to assessing strategic learning: the case of self - regulation in vocabulary acquisition [J]. Applied Linguistics, 2006, 27 (1): 78-102.

[198] BAGOZZ R P, YI Y. On the evaluation of structural equation

models [J]. Journal of the Academy of Marketing Science, 1988, 16 (1): 74-94.

[199] AHIRE S L, GOLHAR D Y, WALLER M A. Development and validation of TQM implementation constructs [J]. Decision Sciences, 1996, 27 (1): 23-56.

[200] ROBERTS J. Designing incentives in organization [J]. Journal of Institutional Economics, 2010, 6 (1): 125-132.

[201] FLANIGAN D P, QUINN T, KRAFT R O. Selective management of high risk patients with an abdominal aortic aneurysm [J]. Surgery Gynecology & Obstetrics, 1980, 150 (2): 171-176.

[202] MCCULLOUGH J M, BARTON E Y. Relatedness and mortality risk during a crisis year: plymouth colony, 1620-1621 [J]. Ethology & Sociobiology, 1991, 12 (3): 195-209.

[203] SILHAN P A, THOMAS H. Using simulated mergers to evaluate corporate diversification strategies [J]. Strategic Management Journal, 1986, 7 (6): 523-534.

[204] COOPER R G, KLEINSCHMIDT E J. New product success factors: a comparison of "kills" versus successes and failures [J]. R & D Management, 1990, 20 (1): 47-63.

[205] MAIDIQUE M A, ZIRGER B J. A study of success and failure in product innovation: the case of the U.S. electronics industry [J]. IEEE Transactions on Engineering Management, 1984, EM-31 (4): 192-203.

[206] ZANDI F, TAVANA M, O'CONNOR A. A strategic cooperative game: theoretic model for market segmentation with application to banking in emerging economies [J]. Technological & Economic Development of Economy, 2012, 18 (3): 389-423.

[207] WU J D, LI N, YANG H J, et al. Risk evaluation of heavy snow disasters using BP artificial neural network: the case of Xilingol in Inner Mongolia [J]. Stochastic Environmental Research & Risk Assessment, 2008, 22 (6): 719-725.

[208] FREDERICK W C. The growing concern over business

responsibility [J]. California Management Review, 1960, 2 (4):
54-61.

[209] HANSON K O. The long history of conscious capitalism [J].
California Management Review, 2011, 53 (3): 77-82.

[210] HAYES B, WALKER B. Corporate responsibility or core
competence? [J]. Development in Practice, 2005, 15 (3-4):
405-412.

[211] BAUM J R, LOCKE E A, SMITH K G. A multidimensional
model of venture growth [J]. Academy of Management
Journal, 2001, 44 (2): 292-303.

[212] WEEKS W A, MOORE C W, MCKINNEY J A, et al. The effects
of gender and career stage on ethical judgment [J]. Journal of
Business Ethics, 1999, 20 (4): 301-313.

[213] WOO H, JIN B. Culture doesn't matter? The impact of apparel
companies' corporate social responsibility practices on brand
equity [J]. Clothing & Textiles Research Journal, 2016, 34 (1):
20-36.

[214] MORAN P. Structural vs. relational embeddedness: social capital
and managerial performance [J]. Strategic Management
Journal, 2005, 26 (12): 1129-1151.

[215] SMITH J V D L, ADHIKARI A, TONDKAR R H. Exploring
differences in social disclosures internationally: a stakeholder
perspective [J]. Journal of Accounting & Public Policy, 2005,
24 (2): 123-151.

[216] LEE K, OH W Y, KIM N. Social media for socially responsible
firms: analysis of Fortune 500's Twitter profiles and their CSR/
CSIR ratings [J]. Journal of Business Ethics, 2013, 118 (4):
791-806.

[217] DU S, SWAEN V, LINDGREEN A, et al. The roles of leadership
styles in corporate social responsibility [J]. Journal of Business
Ethics, 2013, 114 (1): 155-169.

[218] BISSCHOP L. Corporate environmental responsibility and

criminology [J]. Crime Law & Social Change, 2010, 53 (4):
349-364.

[219] BARABEL M, MEIER O. How profound changes in stakeholder
relations allowed an SME to enter and gain a foothold in a highly
competitive sector? [J]. International Business Research,
2012, 5 (7): 84-97.

[220] STEVENS B. An analysis of corporate ethical code studies:
"Where do we go from here?" [J]. Journal of Business Ethics,
1994, 13 (1): 63-69.

[221] JURKIEWICZ C L, GIACALONE R A. How will we know it when
we see it? Conceptualizing the ethical organization [J]. Public
Organization Review, 2016, 16 (3): 1-12.

[222] ALLEN D. A review of process theories of decision making [J].
Management Learning, 1977, 8 (2): 79-94.

[223] SIMON H A. Theories of decision-making in economics and
behavioural science [J]. American Economic Review, 1959,
49 (3): 253-283.

[224] HOYT R E, LIEBENBERG A P. The value of enterprise risk
management [J]. Journal of Risk & Insurance, 2011, 78 (4):
795-822.

[225] GORDON L A, LOEB M P, TSENG C Y. Enterprise risk
management and firm performance: a contingency perspective
[J]. Journal of Accounting & Public Policy, 2009, 28 (4):
301-327.

[226] CHOI J, WANG H. Stakeholder relations and the persistence of
corporate social performance [J]. Strategic Management
Journal, 2009, 30 (8): 895-907.

[227] MARCH J G. Exploration and exploitation in organizational
learning [J]. Organization Science, 1991, 2 (1): 71-87.

[228] VILANOVA M, LOZANO J M, ARENAS D. Exploring the nature
of the relationship between CSR and competitiveness [J].
Journal of Business Ethics, 2009, 87 (1): 57-69.

[229] CAI L, CUI J, JO H. Corporate environmental responsibility and firm risk [J]. Journal of Business Ethics, 2016, 139 (3): 563-594.

[230] KRASNIKOV A, MISHRA S, OROZCO D. Evaluating the financial impact of branding using trademarks: a framework and empirical evidence [J]. Journal of Marketing, 2009, 73 (6): 154-166.

[231] AGUILERA R V, RUPP D E, WILLIAMS C A, et al. Putting the S back in corporate social responsibility: a multilevel theory of social change in organizations [J]. Academy of Management Review, 2007, 32 (3): 836-863.

[232] BHATTACHARYA C B, SEN S. Consumer - company identification: a framework for understanding consumers' relationships with companies [J]. Journal of Marketing, 2003, 67 (2): 76-88.

[233] GATTI D D, GAILEGATI M, GREENWALD B, et al. Business fluctuations in a credit - network economy [J]. Physica A: Statistical Mechanics and its Applications, 2006, 370 (1): 68-74.

[234] CHAKRAVARTHY B S. Measuring strategic performance [J]. Strategic Management Journal, 1986, 7 (5): 437-458.

[235] CONE C L, FELDMAN M A. Causes and effects [J]. Harvard Business Review, 2003, 81 (7): 95-101.

[236] MURRAY P. Fundamental issues in questionnaire design [J]. Accident & Emergency Nursing, 1999, 7 (3): 148-153.

[237] HINKIN T R. A review of scale development practices in the study of organizations [J]. Journal of Management, 1995, 21 (5): 967-988.

[238] BAIRD I S. Defining and predicting corporate strategic risk: an application in the telecommunications industry [D]. Urbana - Champaign: University of Illinois at Urbana-Champaign, 1986.

[239] ÁLVAREZ C, CASTRESANA A C, DELGADO J M, et al. Application of the risk matrix method to radiotherapy [M].

Vienna: IAEA，2016.

[240] BRUSSEAU J. The business ethics workshop [EB/OL]. [2019-
11-21]. http://catalog.flatworldknowledge.com/bookhub/reader/
1695?e=brusseau-ch13_s02#brusseau-chab.

索 引